High performers never
fail to get things done

仕事の速い人が
絶対やらない
段取りの仕方

伊庭正康
Masayasu Iba

日本実業出版社

はじめに

仕事のスピードは「当たり前を疑う量」で決まる

「常に落ち着いて行動し、仕事の成績はトップクラス」――どこの会社にも、こんな人はいるものです。

今、ビジネスシーンで注目されているキーワードがあります。「ディスラプション」です。これは、今までのルールを壊し、新しい常識をつくることを指す言葉なのですが、私は、**効率を追求することは、「小さなディスラプション」の繰り返しだと考えています。**

たとえば、当たり前のように作成している会議の資料をなくそうとする提案も、ディスラプションです。「資料をできるだけ速く作成する」よりも「資料そのものをなくす」ことができれば、仕事のスピードは格段に上がります。

この本は、このように効率を追求したいと考えるビジネスパーソンに向けて、「何をムダと考えるか」「ムダをなくすための具体策」をノウハウとしてまとめたものです。

実際に段取りの良い人は、テクニックに長けているわけではなく、重箱の隅をつつくように、常に「これって本当に必要か？」という目で見ていたりします。


「この打ち合せ、わざわざ会う必要が本当にあるのか？　スカイプやフェイスタイムで済ませられなかったのかな？」

「この資料を作ることの意味はあるのか？　なくても誰も困らないのでは？」

「そもそも、会社に来る必要があるのか？　直行すれば、1時間は浮くかも？」


こういった「小さなディスラプション」が、段取り良くスマートに仕事をこなし、かつ結果を出し続ける人になるためのパスポートです。いうなれば「当たり前を疑い、新しいルールを作る」くらいのつもりで仕事を楽しむ、そんな感じ。

ときには職場のルールや習慣にもメスを入れることがあるかもしれません。でも、これを難しいと思わないでください。誰でも、その気になればできます。それを伝えたくて、この本を書きました。

■残業するのは、恥ずかしいこと

白状しますと、私もかつては残業まみれの新人でした。いくら若いといっても、体力任せに仕事をするスタイルはさすがに疲労困憊になります。朝起きると、体が鉛のように重く、疲労を感じる日も少なくありませんでした。でも、成果を出すためにはそれも仕方ないと思っていました。

しかし、ある上司との出会いが、残業に対する「考え方」を変えてくれました。「新人が残業するのはコストでしかない。残業する意味を考えなさい」とその上司は教えてくれたのです。それまではむしろ良かれと思って残業をしていましたので、まさに目からうろこでした。

確かに、周囲を見渡すと、残業をせずに結果を出し続けている先輩もいましたので、「残業はコスト」だと納得せざるを得ませんでした。

その日から、自分の「こうありたい」が大きく変わりました。モードをチェンジすることを決心したのです。今なお、私のベースになっている価値観です。

まず、すぐにやったのは、手帳の18時以降の欄を、仕事の予定が入らないよう、真っ黒に塗りつぶしたことです。ちょっと勇気がいりましたが、これはとても効果的で、1～2週間もすれば、確実に変化が現れました。今思うと、これもちょっとしたディスラプションだったのかもしれません。

まず何より、明るいうちに帰れることに驚きました。

「1日って、こんなに長いんだ」と幸せな気分になったことを今でも思い出します。余裕ができたので、その後は学校にも通いましたし、読む本の量も増やしました。また、この頃から、ジムにも通いはじめました。社外の友人とも積極的に会うようになり、毎日がカラフルになる、そんな感覚を覚えたものです。

プライベートが充実すると、仕事の成果も上がるといわれていますが、まさにそうでした。残業をしないにもかかわらず何度も社内表彰を受けるようになったのは、プライベートが充実したことも大きく影響していました。

早く帰ろうとするだけでは意味がない

とはいえ、忘れてはならないことがあります。

仕事をする以上、プロとして、「絶対に結果を出すこと」です。

「早く帰るためには、成果はそこそこでもいい」と言う人もいますが、それには反対です。ビジネスの世界はそれほど悠長ではありません。

私は、求人業界に21年いました。そこで何千社の人事の方と会いました。

彼らは包み隠さず「結果を出せないとチャンスは来ない」と言います。

多くの場合、人事考課が低い人を守ってくれるほど、会社は優しくないのです。その点においては結果に対して「極めて公平」だということです。

逆に評価をされると、境遇は驚くほど好転します。本人の想定以上のチャンスが得られますし、当然ですが収入も増えます。何より信頼されると、提案も通りやすくなり、ますます働きやすいスタイルを手に入れられます。

そうやって、さらに段取り良く仕事をこなせるようになり、より一層結果を出し続ける、という好循環を得られるのです。

「小さなディスラプション」を繰り返せば、誰でも短時間で成果を出すことが確実にできます。残業まみれで体力まかせだった私でもできたので、確信しています。

この本に書いてあることすべてをやる必要はない

この本に書かれているノウハウの全部をいきなりやる必要はありません。今のあなたにとって「効果がありそうだな」と思えるノウハウを選んで、できることから取り組んでみてください。そして、それがクリアできたら、ステップを進めていくのが効果的なやり方です。

本文でも述べていますが、あれもこれもやるのはダメです。やることは「絞る」のが原則。まずは、今のあなたにとって必要なことを2〜3個、本書から探してみてください。

もちろん、いくつかは「知っていた」というノウハウもあるでしょう。でも、知っていても、やらなければ、「ディスラプション」にはなりません。なんの変化も生まれないでしょう。

きっと、この本のノウハウをいくつか実践するだけで、あなたは職場の誰よりも、ディスラプションを起こす一歩を踏み出していることでしょう。

株式会社らしさラボ　代表取締役　伊庭正康

仕事の速い人が絶対やらない段取りの仕方　もくじ

第1章

徹底的にムラ・ムリ・ムダを省く

第2章

段取り力がアップする「逆算型」スケジューリング

第3章

段取りがうまい人の「やり取り」の仕方

第4章 資料・メール作成の時間を圧縮させる

第5章 打ち合わせ・会議を半分の時間で済ませるポイント

カバーデザイン　小口翔平＋岩永香穂（tobufune）
カバーイラスト　水谷慶大
DTP　一企画

第1章

徹底的に
ムラ・ムリ・ムダを省く

1

「結果に影響しないこと」はやらない

段取りの良い人は、成果につながらない「仕事っぽく見えるムダ」を徹底的に省きます。「仕事っぽく見えるムダ」は、いくら頑張っても実は誰のためにもなっていないことが多く、そうだとわかれば即刻やめるべきです。

企画書なんて、作っている場合でない

やることが増えている今、**「一体、何がムダなのか」を見極める力が、重要になってきています。**ムダに気づけないために、余計な仕事をしていることも少なくありません。

ある例を紹介しましょう。私の恥ずかしい過去の実話です。

「ムダなことをやらない」人にはかなわない、と本気で感じたことがありました。

私の同期に、トップセールスで、「超」がつくほど仕事ができる人がいました。

「伊庭ちゃん、あの企画書もらえない？」

当時、私は企画書を作成するのが得意でした。それほど時間をかけずに見栄えの良い企画書を作成することができました。彼には世話になっていたので、守秘義務にかかわる部分はわからないようにし、企画書を渡してあげました。

すると彼は、その企画書を少し変えただけでコンペに臨み、サクッと数百万円の契約を決めたのです。

彼がやったことは、私の企画書の文字を差し替えたくらい。私は彼と2年間、一緒に仕事をしましたが、一度たりとも彼が残業をしているのを見たことがありませんでした。

彼は、その後も結果を出し続け、若くして何百人を統括する関連会社の役員にまでなりました。残業せずに……です。ある意味、究極の段取り上手でしょう。

ほとんどの「資料作成」がムダである理由

彼にとっては企画書作成は、「仕事っぽく見えるムダ」な作業だったのでしょう。でも、なぜ彼は、そう判断できたのでしょうか。

実は段取りの良い人は、「**価値を生まない作業に時間をかけるべきではない**」という鉄則を知っているのです。

我々の仕事は、大きく3つに分けることができます。

・**主作業**――成果に直結する作業です。商談やサービス改善の打ち合わせなどが相当します。

・**付随作業**――主作業を行う上で付随する作業です。移動時間をはじめ、資料や企画書の作成などが当てはまります。時間をかけないことが鉄則です。

・**ムダ作業**――これらに属さない作業。ホームページを閲覧していたり、メールチェックに時間をかけていたり……。これらは、無自覚に行っていることが多いものです。

つまり彼の場合、企画書作成の仕事は「付随作業」でしかなく、時間を極力かけないで済ますものと判断していたわけです。

また、歴史ある会社、大企業ほど、社内向けの提出資料が多かったり、書くべき項目が多いこともあります。それらは「付随作業」にもなっていない「ムダ作業」であることも少なくありません。上司などとそのことについて、会話してみてもいいかもしれません。相手も、そう思っている場合があります。

リストを半分にしたら、業績が上がった

また、**あえてやめることで、飛躍的な成果アップにつながることもあります。**

あるエピソードを紹介しましょう。新規開拓をミッションとする部署にいた、別の同僚の話です。その部署では、何千社のリストに電話をかける営業をしていましたが、彼は、配属されるとすぐに次のように考えました。

「受注効率の悪いところに電話をするのをやめよう」と。

他の人は、会社から用意されたリストを「上から下」へと機械的に、片っ端からかけていました。彼は、それがムダではないか、と考えたのです。

企業規模、過去の実績、前年からの売上伸び率などの要素をかけ合わせると、新規の開拓効率になんと16倍の開きがあることを、彼は理解したのです。

彼は、ソートをかけ、受注効率が平均より低い企業を、リストからバッサリと削除しました。**電話をかけること自体が「時間のムダ」**というわけです。

リスト数は半分になりましたが、効率アップに成功した彼は、全国トップの成績を収めました。このように数字にしてみることで見えるムダもあるのです。

「ムダ」を見つける3つの診断法

それでも、「ムダかどうかがなかなかわかならい」と悩む人もいるでしょう。そこで、隠れたムダを簡単に見つける観点（クエスチョン）を紹介します。

Q1：それをやめると、お客様に迷惑をかけるのか？（顧客満足の視点）
Q2：それをやめると、社内の士気が下がるのか？（従業員満足の視点）
Q3：それをやめると、リスクが高まるのか？（リスクマネジメントの視点）

1つも当てはまらないなら、それは誰がなんと言おうが、ムダな仕事です。あなたの仕事の場合はどうでしょう。やめても結果に影響しない仕事はないでしょうか？

たとえば、何気なくやっている毎週の会議資料の作成もそうかもしれません。職場によっては、誰のためにもなっていない、儀式のような仕事が、今も残っていることがあるかもしれません。残業をせずに結果を出すために、まずは、上司と相談して、あなたの作業から見直してみてはいかがでしょう。

効率良く、仕事に取り組もうとしてますか？

NG
ガムシャラに「なんでもかんでも」取り組む

すぐに着手し、より速く済ませようと頑張ってしまうのは危険。その作業自体がムダであることに気づけなくなります。

OK
取り組む前に「やるべきこと」を絞る

まず「成果に影響するかどうか」を考えて、やるべきことを絞りましょう。「仕事っぽく見えるムダ」ならば、いっそのことやめたほうが、成果を出せるようになります。

2 「月末は忙しい」を当たり前にしない

段取りの良い人は、「月末は忙しいから仕方がない」などとは考えません。仕事を平準化させようとします。

たとえば締切を小分けにするだけで、仕事のピークを解消できます。**残業の温床となる「週末や月末は忙しい」を解消しておきましょう。**

トヨタが「ムダ」より「ムラ」に目を光らせる理由

仕事上の問題を見つけ出すために一般的に言われるのは、「ダラリの法則」です。「ムダ・ムラ・ムリ」を略して「ダラリ」というわけです。

でも、トヨタ自動車では異なります。「ムラ・ムリ・ムダ」となり、**「ムラ」が一番先なのです。**なぜだと思いますか？　ここに時短の秘訣があります。

月初は暇なのに月末が忙しい状態は、まさに「ムラ」。前倒しして分散させれば、月末に「ムリ」をしなくてもいいはずです。そうすればミスややり直し等の「ムダ」も減るでしょう。何よりも解決すべきは、まず「ムラ」なのです。

月の半ばは暇で仕方なかったのに、月末や締切前は、昼食にも行けないほどデスクを離れられない……ということはないですか？　それこそが、改善のチャンスです。

「中間締切」を作るだけで、平準化できる

もし、特定の時期（週末や月末など）に仕事が集中することがあるなら、「**中間締切**」を設定してみてはどうでしょう。私もやりました。かなり効果があります。

かつて、求人広告の営業をしていたときのことです。毎週、金曜日がクライアントからの原稿の締切でしたので、木曜の夜から金曜はいつもバタバタでした。金曜日は昼ご飯を食べない人もいたくらいです。

でも、すべてのクライアントに締切を「金曜日」と案内しているから、そうなって当然なのです。そこで火曜、水曜、木曜に分けて締切を設けるルールにしました。

お客様「締切は金曜だったよね」

私　「最終はそうなのですが、差し支えなければ、火曜でお願いできたらありがたいのですが、ご協力を賜ることは可能でしょうか？」

言ってみるものです。半数のお客様は快諾してくださいました。

これで、締切直前でも、余裕を持って原稿をチェックできるようになりました。ミスが減るばかりか、余裕もできたので、対応が丁寧になったものです。

もし、あなたにもムラがあるようなら「中間締切」を設けることを考えてみてはいかがでしょうか？　ムラを徹底的に減らすことが、残業をなくすためには絶対に必要です。

仕事に「ムラ」が出ないようにしていますか？

NG
「締切前は忙しい」のが当たり前

締切前は忙しいからといって無自覚に残業を繰り返してしまうと、本当に改善すべきことが放置されがちになります。

OK
「締切前でも忙しくならない」ように仕事を平準化させる

たとえば月末が忙しいのなら、できるだけ平準化させることを考えましょう。「中間締切を設定する」「締切を分散させる」などをすれば、すぐに効果が現れます。

3

残業することを前提にしない

効率良く結果を出す人の中には、残業に対して「罪悪感」を感じる人もいます。新規事業の追い込みでもない限り、残業は会社（雇い主）から見れば、コストでしかありません。**あなたは自分の存在を「コスト」の視点で考えたことはありますか？** プロといわれる人は、この感覚を持っています。

残業することに「罪悪感」を持つ

無自覚に残業をすることは、「罪」だと、私は思っています。

「はじめに」でも少し書きましたが、私が新人だった頃の話を紹介します。当然のように残業をし、時間は19時30分。

すると当時の上司から、「新人が残業しているのはコストでしかない。残業する意味を考えなさい」と言われたのです。冷静に考えると確かにそうです。

- 残業手当は基本給の25％増しだけど、だからといって成果は25％増しにならない
- そもそも、会社に残っているだけで光熱費がかかる
- もし、残業でムリをして体調を崩したら、他の社員に迷惑がかかる

もちろん、残業するのが仕方ない日もありました。新製品をリリースするときなどはそれこそ戦場です。残業せざるを得ないのは普通です。でも、日常はまったく別。**残業にはコストがかかっており、無自覚なのは恥だと感じるようになりました。**デスクでコンビニの夕食を食べ、談笑しながら残業していた自分を恥ずかしく思えてきたのです。

残業をしている人に、無料で食事を配る会社がニュースになったことがあります。確かに、話題になる試みですが、その会社の営業利益率を調べてみるとたったの1・6％でした。同業で同規模の会社の4分の1程度です。利益がすべてとは思いませんが、「さっさと早く帰ったらいいのに」と感じたものです。

ホワイト企業の考え方はやはり違います。「**残業なんかしてしまったら、かえって**

コストが高くなる。やるだけムダだ」と言ったのは、残業ゼロの高収益企業、未来工業の創業者である山田昭男氏です。段取り良く結果を出したいのであれば、あえて職場の誰よりも「残業はコスト」と考えてみてはいかがでしょうか？

残業することに「キャリアのリスク」を感じているか？

それだけではありません。残業はキャリアにも悪影響をもたらします。スキルアップの機会を残業で失っているからです。「**ムダに残業すると、自分の賞味期限を短くする**」と考えるといいでしょう。

仕事後に、できること、やるべきことはたくさんあります。本を読む、学校に通う、人と会う、映画を観る、ジムでメタボを予防する……など、いわば、心・技・体を高める投資の時間なのです。

残業をすることが、評価される時代は完全に終わりました。**残業を無自覚でやるのは、「黄信号」が灯っていると考えて間違いありません。**あなたは、平日、自己投資の時間を確保しているでしょうか？

残業で仕事を乗り切っていませんか？

NG

残業を「努力の証」と思い込む

「結果を出すためなら、残業をするのは仕方がない」それが「努力の証」だと思うのはおごりです。

OK

残業を「コスト」と考える

残業をすれば、それだけで25％増しのコストがかかります。「もし、自分以外の人が段取り良くやったらどうなるのだろうか？」と問いかけ、改善案を考えるのがプロなのです。

4 「仕事のための仕事」を増やさない

やたらと手間を増やす人は、「ムダのウィルス」を職場にまき散らすようなもの。周囲の仕事をムダに増やしてしまうから気をつけたいところです。**段取りの良い人は、「その手間に意味があるのか」と常に立ち止まって考えます。**自分スタイルのこだわりの強い人ほど、注意が必要です。

■「仕事のための仕事」の罪

以前、「明日の商談に備えて、3枚の資料を1枚にまとめて欲しい」という依頼をされました。

理由を尋ねると、「既定のフォーマットに転記しておくため」とのこと。さらに詳しく聞くと「いつもそうしているので」とおっしゃいます。

これがまさに「**仕事のための仕事**」です。

私は「時間的にタイトなので、差支えなければ明日の商談時に口頭で説明する流れでもいいですか？」と切り返し、承諾してもらいました。結果的に、わざわざ１枚にまとめずとも、まったく問題はありませんでした。

もし、資料をまとめるとなると、それだけで１〜２時間を費やしたでしょう。ここで「１〜２時間くらい」と思うと、残業になります。この判断が大事なのです。

このような仕事のための仕事は、「ムダのウィルス」を職場や取引先にまき散らすようなものなので、注意が必要です。

お金にならない「こだわり」に時間をかけない

仕事は趣味ではありません。**あえて自分の「こだわり」を捨てる判断も必要**です。白状しますと、私自身がこだわりが強いほうなので、強くそう思います。

かつては私も、企画書のベースカラーを先方のコーポレートカラーに合わせようとしていましたし、文字のフォント（書体）は「メイリオ」以外は気持ち悪く感じていました。どこかで、仕事をアートのように考えていたのでしょう。

でも、このような「ささいなこだわり」が曲者で、判断を狂わせるのです。そもそも「資料のフォントがメイリオだから、君に仕事をあげる」とはならないからです。

あなたにも、「ムダなこだわり」はないでしょうか？　もちろん、それが、「成果につながるこだわり」なら問題はありません。でも、そのこだわりが自己満足でないかを厳しく考えることは絶対に必要です。

あえて修正しないのも作戦

「あっ、ノンブル（ページを示す数字）が抜けている。入れなくては……」

「あれ、明朝体とゴシック体が混ざっていた。残業して修正しよう……」

打ち合わせの資料を作成した後、このような点に気づくことはよくあります。でも、そこでわざわざ追加や修正する必要はどのくらいあるのでしょうか？　口頭で弁明をすることで済ませられる場合も少なくないはずです。

「フォントが混ざってしまっており、申し訳ございません」とあらかじめ言っておけば、ほぼ大丈夫でしょう。上司や顧客が求めているのは、そこではないからです。

ただし、失礼になることはダメです。社名や役職、名前、理念、相手が大事にしているものは正確でないと信用を失います。あとは数字のケタ数間違い、円とＵＳドルの違いなどもダメです。

でも、ほとんどのことは、口頭でエクスキューズすれば、問題ありません。

多少、資料作成で気になることが出てきても、確信犯的にやらないことを選択するのも手なのです。

「細かい人」といちいち戦わない

ノンブルや区点を入れ忘れて、やり直しを求められたという人もいるでしょう。そういう細かい人が相手の場合は、話が変わってきます。

そのときは、相手のルールに合わせるほうが得策です。意固地《いこじ》になるだけムダだからです。

こんな格言があります。

「過去と他人は変えられない。未来と自分は変えられる」

（カナダの精神科医　エリックバーン）

まさにそう。人を変えるには時間がかかります。

なので、そこが相手の「こだわり」のポイントであるのなら、時間をかけずに受け流して、さっさとその希望に対処します。

そしてこれからは、やり直さないように、チェックする時間も予定に入れることです。何よりも優先すべきは「時間対効果」です。

段取りがうまい人の「手間」の考え方

NG

やたらと「手間をかけよう」とする

ここまで手間をかけたのだから評価されると考えるのは、甘えでしかありません。手間をかけたかどうかは、相手にとっては関係のないことです。

OK

できるだけ「手間をかけない」ようにする

手間は「価値」ではなく、「手段」でしかありません。相手にとって価値のない「手段」なら、手間をかける意味はないと考えましょう。

5

「自分だけの効率」で考えない

段取りの良い人は、自分の都合だけで物事を考えません。自分の都合ばかりだと、人は離れてしまい、結果的に効率が下がります。**気配りはムダではありません。むしろ仕事の効率を高めてくれるのです。**

相手の感情を「ないがしろ」にしない

「客室乗務員は収納の援助をいたしません」
「機内での苦情は一切受け付けません。ご理解頂けないお客様には定期運行遵守のため退出いただきます」

今は経営陣が一新し、V字回復を遂げている航空会社のスカイマークですが、実は2015年に民事再生、つまり経営破綻したことがありました。

先に掲げたのは、2012年5〜6月に機内座席のシートポケットに入れられていたスカイマークのサービスコンセプトの一部です。

当時、スカイマークは「合理性の追求」をうたっていました。しかし、**相手をないがしろにした効率化ほど、危ないものはありません。**結果的に、顧客離れに歯止めがかからず、経営破綻となったのです。

でも、相手をないがしろにした効率化をしているケースは、現実には少なくありません。メールのレスを後まわしにしたり、ときには返信しないという人もいます。そもそも取引額が少ないお客様にはフォローをしないケースすらあります。

これは、個人であっても会社であっても一緒。**自分都合の効率化は、ビジネスでは「けしからん」となり、結果的に成果を上げにくくなるのです。**

「相手も嬉しい」のが本当の効率化

効率化は「相手の効率化」も含めて考えるべきです。旅館でアルバイトをしていた大学生の話を紹介しましょう。この旅館は、駅から遠いこともあり、電車で来た人には駅前の受付センターに立ち寄ってもらい、そこから車で15分程度離れた旅館に送迎するといったスタイルだったそうです。

送迎を担当することになった彼は、送迎車のハンドルを握りながら考えました。

「わざわざ旅館に立ち寄っていただくのは、ムダなんじゃないか」と。

こういうことでした。駅前の受付センターで荷物だけ預かれば、お客様はすぐに駅周辺の観光に出かけられる。荷物は、夜までに旅館に運べばいいはずだ。

一方、彼自身も何回も送迎する手間が省け、別の仕事ができるようになります。

彼は、すぐにこの方法を経営者に提言したそうです。

「相手軸」の感度を高める

効率化を考える際、2つの質問を自分にしてみてください。

- **それをやめると、相手はどう考えるか？**（感情面）
- **その効率化のアイデアは相手のためになっているか？**（価値面）

この質問が、自分勝手な効率化に歯止めをかける基準になるはずです。

たとえば、定例化している社内会議。なくせばあなたも周囲もラクになるなら、そうしてもOKです。でも、周囲の事情も考えず、自分の都合だけで決めてしまうことは避けるべきです。効率化は、相手の納得があってこそなのです。

効率化を相手軸で考えていますか？

NG

自分の都合だけで効率化を考える

相手のことを考えず、自分の立場からしか考えていない効率化案を提案しても、人はついてこず、むしろ離れてしまいます。

OK

相手の都合もくみ取って効率化を考える

自分だけでなく、相手にとってもプラスになることを探っていくのが、効率化の基本です。

6 「相手が言っているから」を理由にしない

ムリをしてまで「言いなり」になってしまうと、段取り上手にはなれません。「相手が言っているから、仕方ない」と考えてはいけないのです。むしろ、相手の言い分から、「やること」「やらないこと」の優先順位を整理するほうが感謝されます。

■ あえて「言いなり」にならない

仕事で、相手に振り回されてしまった経験はありませんか？

言う通りにしたのに何度もやり直しになった……。このようにならないためには、やるべきことを絞らねばなりません。

たとえば、お客様から「3つの案を送ってもらえませんか？」という連絡があったとしましょう。理由を聞くと、「上司が『いくつかの中から選びたい』と言っているから」とのこと。ここでそのまま受けてしまってはいけません。

このケースでは、最低でも2つの案がムダになるわけです。場合によっては「気に入らない」と、3つの案すべてがムダになるかもしれません。これを当たり前にしてはいけないのです。段取りの良い人はここである作戦に出ます。

動く前に「的」を絞る

ムダな仕事を増やさないためには、まず「的」を絞ってください。この場合の的とは「何があれば合格点なのか」を指します。判断基準を明確にするわけです。

いくつかの案が欲しいという場合なら、ひと通りの背景を聞いて、こう切り出しましょう。

「差し支えなければ、選ばれる際の判断基準を伺ってもよろしいですか？」と。

つまり、**相手が案を選択する際の合格基準を聞く**わけです。

的をある程度絞ることができれば、3つの案を出すとしても、一部を仕様変更するだけで済むかもしれません。また、さらに十分に絞ることができれば、1つの案だけで了承してもらえるかもしれません。仕事の段取りの良い人は、動く前からこうやって「的」を絞っているのです。

すべてはお互いのムダを省くため

このように相手の立場で優先順位の整理をすることが、結果として感謝されることにもなります。実は、**相手自身も「的」を絞れていない場合が多い**からです。

でも「的」を絞る会話をしようとすると、「こんな反応をされるのでは……」と、不安になることはありませんか？

「なんだか面倒なことを言ってくるな。さっさとやってくれたらいいのに」

その場合、相手はあなたのことを「パシリ」のように考えているわけです。

こんなときこそ、「的」を絞らないと振り回されかねません。次のように切り返してみてください。

「お手間をおかけしないためにも、優先順位を整理させていただきたいのです。よろしいでしょうか？」と。

実際、**的を絞るのは、「お互いのムダを省く」ためでもあり、実は相手のためでもあります**ので、自信を持って対応してください。

上司や顧客のムリな要求にどう対応する？

NG

ムリをしてでも「言いなり」になろうとする

言うことを聞けば聞くほど、相手の評価が上がると思うのは勘違いです。言うことをただ聞くだけだと、相手の期待を超えることはできません。

OK

ムリをなくすべく「やるべきこと」を絞る

段取りの良い人は、相手の言うことをただ聞くだけではありません。相手の優先順位を整理することが、結果として相手の満足にもなることを知っています。

7 「どうしましょうか？」の一言が首を締める

前項でも述べたように、相手の要望を聞きすぎると、次第に相手がエスカレートし、ムリ（制約条件）が増えるばかりになってしまいます。そうならないよう、逆にこちらから提案をして、自分の首を絞めないようにしなければなりません。

知る人ぞ知る「言ったモン勝ち」の法則

相手の言いなりにならず、**あなたから自分なりの提案をすると、その提案が基点となり、そこから話を進めることができます。**交渉学においては、この基点を船の錨《いかり》になぞらえ、「**アンカー**」と言います。

ある例を紹介しましょう。とあるメーカーで事業企画職に携わっている30歳の若手リーダーの話です。

彼は、低迷する事業を再浮上させるシナリオを描くミッションを与えられました。

さまざまな角度から検証した結果、彼はこう考えました。

「今のわが社の販売方式（メーカー直売方式）では、固定費がかかりすぎる。新しい営業体制を視野に入れるべきではないか」と。

でもこれは、その事業にとっては50年目にして初めての試み。現場の意見を聞いたところで、収集がつかなくなることは想像に難くありませんでした。

そこで彼は、まずシミュレーションしてみたのです。コスト分析、実行力の検証、リスクマネジメント……。すると、理論的にアウトソースしたほうが効果的であることが明白になったのです。

彼は、満を持して、上司（役員）に提案します。

「景気に影響を受ける我々の事業特性を考えると、アウトソーシングを含めて、他の方法を視野に入れない手はないです。検討してみるのはいかがでしょう」と。

その後、直売を担当する部署から反論が出ましたが、**ビジネスにおいては、感傷的な意見は合理性な判断にはかないません。**

結果的に、この提案がアンカーとなり、それをもとにした議論となったのです。

彼の意見がおおむね採択され、今や事業は息を吹き返し、成長事業になっています。

もし彼が、現場の意見を聞きすぎ、誰もが賛成する案を考えようとしていたら、そんな提案はできなかったでしょう。

あえて「どうしましょうか？」とは聞かない

「どうしましょうか？」と聞くから面倒なことになります。そんなときは「選択肢」を示すのが正解。

たとえば、会議で配るお弁当を決める際もそう。このような場合、わざわざ「何がいいですか？」と全員のリクエストを聞く必要はまったくありません。

「和食と洋食を選べるようにしておきましょうか？」で終了です。

会議で使う資料をコピーする際も一緒。「紙だとコストもかかるので、スライドを投影するようにしておきましょうか？」と言うだけで、余計なコピーを用意する手間が省けるかもしれません。これからはあなたの言葉（提案）をアンカーにしてみてはいかがでしょう。

「相手の希望に合わせる」という姿勢は、結果的にムダなことをしてしまいがちになります。言いなりにならないためにも、「選択肢」を示す習慣を持ちましょう。

上手な「相手の要望」の聞き方

NG

「要望」を聞きすぎて身動きが取れなくなる

相手の要望に応えようとするのは、一見すると良い印象を持たれます。しかし、確認事項が増えたり、調整をしたりと、ムダな工程が増えてしまいます。

OK

「提案」をすることでイニシアチブを取る

自分の意志をきちんと示すことは、船がアンカー（錨）をおろすようなものです。そこを基点に会話が始まるため、面倒な調整作業が少なくなります。ぜひ、イニシアチブを取る側に回りましょう。

8

「小さな仕事」こそ明日に持ち越さない

仕事を持ち越してしまうと、その分、翌日の段取りが狂います。仕事を持ち越さないために、できることは「今、ここ」で済ませるようにしましょう。明日には明日の仕事があります。目の前の仕事をできるだけ早く手離れをさせておかないと、その仕事が、ヘドロのように明日以降の予定にたまってしまいます。

「ワンセット」をルールに

何事も行動を「ワンセット化」させると後がラクになります。

たとえばお風呂掃除だってそうです。自分がお風呂に入ったついでに掃除もすれば、大した負担になりません。しかし、翌日以降に持ち越してしまうと、一気に面倒くさくなります。それすら後回しにすると、ついには掃除を怠り、カビだらけのお風呂に入ることに……。

ビジネスも同じ。**「ワンセット」で済ませることをルールにすれば、その後をいつも快適に進めることができます。**

次回の打ち合わせのスケジュールを調整する際、相手が目の前にいるのに「改めて、メールで連絡しますね」と言ってしまうことはありませんか？　メールを送り、返信を待ち、また送信。しかし、日程が合わず、さらにメールを送信……。こんなヘドロのような作業をしてしまいかねません。打ち合わせの場で確認すれば一瞬だったはずです。

「後で議事録を清書して送りますね」もダメ。「今度、飲みにいきましょう」もそう。「ワンセット」で済ませましょう。

後回しにしてよいのは、「今、ここでやれない理由」があるか、「この後、やらない」と決めていることだけです。

とりあえず「手離れ」させる

メールもためてしまうと、それがヘドロになります。「ヘドロになりそうだな」と思ったら、その場でとりあえず「受領メール」を送りましょう。「ありがとうございます。後で、確認しておきますね。何かあれば連絡します」と手離れさせます。具体的な返事が必要であれば、じっくりと考えてから改めてメールを送ればいいのです。

明日は、今日とは違う新しい1日が始まります。ささいな先延ばしが、ヘドロになっていないでしょうか？　手離れできることは、今日のうちにさっさと終わらせて、素敵な明日に備えましょう。

仕事を持ち越さないようにしてますか？

NG

ささいなことだから「後で対応すればいい」と考える

ちょっとした作業のやり残しが、ヘドロのような残務を生みます。ヘドロがたまると池の水があふれてしまうように、業務処理のキャパシティもパンクしてしまいます。

OK

ささいなことほど「ワンセット」で済ませる

明日のために、今日済ませられることは済ませておきましょう。明日の仕事に集中して取り組むためにも、やり残しをできるだけなくしておくことが重要です。

9

「これってなんのことだっけ？」をなくす

仕事の内容をメモにくわしく書いても、後で見返すと「これ、どういう意味だっけ……」となることはありませんか？　白状すると、私はあります。必死で思い出そうとするわけですが、「もったいない」とつくづく反省します。

記憶がホットなうちに、少しだけでも具体的な作業に取りかかりましょう。それによって仕事内容についての記憶力が高まります。

人は「書いたメモ」の内容すら忘れる

とはいえメモの内容を、なかなか思い出せないのは仕方のないことです。時間とともに、人の脳は忘れるようにプログラムされているからです。

「物忘れのロス」を実証したのがドイツの心理学者のエビングハウス。「10分で覚えた〝ささいなこと〟こと」を思い出すのに、1日たつと4分強かかり、6日後になると、なんと7分半もかかってしまうといいます（エビングハウスの忘却曲線）。

つまり、**我々は思った以上に物覚えが悪い**、ということです。

実際、あなたの仕事を振り返ってみると、どうでしょう。メモを見ながら「これって、どういう意味だっけ……」と悩むことはないですか。

記憶がホットなうちに「1ミリ」だけでも取りかかる

恥ずかしながら、私はたくさんそのような経験があります。もはや、自分のメモすらも頼りにできないと悟った私は、やり方を変えることにしました。

それが「**記憶がホットなうちに、ほんの少しだけ作業をしておく**」ことです。

説明しましょう。たとえば商談が終わったとき。客先から出た瞬間に、手帳を開け、提案書の骨組みを考え、少しだけ文字を書いておきます。

すると、いざ本格的に作業に取りかかる際、打ち合わせの内容を思い出さずとも「やるべきこと」が、すでにある程度目の前にあることになります。そうすると、打ち合わせの内容をわざわざ思い出す必要がなくなります。

この記憶がホットなうちに「ちょこっとやっておく」効果は実証されています。カナダのウォータールー大学の調べによると、学習した後24時間以内に10分間の復習をすると、記憶率は１００％に戻り、さらに1週間以内に復習すれば、忘れかけた記憶が、再度１００％に戻るといいます。

メモに頼ることは、思った以上に危うく、結果的に「思い出す」ロスが大きいものです。

そうならないためにも、記憶がホットなうちに、ほんの少しでいいので、実際に作業をしてみてください。それだけで、仕事の段取りが劇的に良くなりますよ。

仕事の内容を覚えておくために効果的なのは？

NG

「メモ」を取る

メモをきちんと取っていても、実際の作業までに時間が経ってしまうと、内容をうまく思い出せなくなります。メモを取ったことで安心をしてしまうと、結局は仕事の段取りも悪いままです。

OK

「記憶がホット」なうちに少しだけでもやっておく

打ち合わせなどで仕事の内容を確認した際、少しだけでもすぐにその作業にとりかかると、記憶に定着します。それから時間が多少経っても、それほど苦労せずに内容を思い出すことができます。

✓ Check

「ムラ・ムリ・ムダを省く」ためのセルフチェック

□ 残業をする際、コスト意識を持っているだろうか？

□ やめても結果に影響しない「ムダな仕事」はないだろうか？

□ ちょっとしたこだわりで手間を増やしていないだろうか？

□ 月末や締切前、仕事が集中してしまうことはないだろうか？

□ 「相手が言っているので仕方がない」と従順になっていないだろうか？

□ 効率化を自分都合で考えていないだろうか？

□ 要望を聞きすぎて、自分の首を絞めてしまっていないだろうか？

□ 「ワンセット」で済ませているだろうか？

□ 書いたメモの内容を思い出すのに時間がかかっていないだろうか？

第2章

段取り力がアップする「逆算型」スケジューリング

1 出勤前に「帰る時間」をガチッと決める

段取りの上手な人は、常に結果から逆算して考えます。出勤前にすでに「帰る時間」を決めているのです。**「早く帰れたら嬉しい」といった願望だけではダメ。**「決意」をしないと、いくら仕事の効率化をしても叶いません。

「希望」を「予定」に変える

逆算で考える癖をつけると、大げさではなく世界が変わります。帰る時間もそう。あなたも出勤するときまでに、その日の「帰る時間」を決めてみてください。それをもとに仕事を組み立てていくのです。

「散歩のついでに富士山を登った人はいない。登ろうと〝決意した人〟だけがたどり着く」という私の好きな名言があります。

思うだけではダメで、「決意」をしないと叶わないということ。残業をなくすのも一緒で、「決意」が不可欠です。「できるかどうか」で考えてはいけません。あなたが「帰りたい時間に帰る」と決めていいのです。

そして、**決意したら躊躇せずに手帳にその予定を記入**してみてください。たとえば、18時の欄に「仕事終了」と。たったこれだけのことですが、確実に世界が変わります。

「ガチッと決める」効能

その理由を説明しましょう。帰る時間を決意したことで、「流されない強さ」を手に入れられるからです。これを**コミットメント効果**といいます。

「決めたら、やらざるを得ない」という効果、いわば「自分との約束」です。

段取りの上手な人は、能力ではなく「どうありたいか」の決意がすごいと「はじめに」で申しました。何かをやろうとするときは決意から入るのです。そのため、そうそう流されませんし、惑わされません。

想像してみてください。あなたが同僚から「ちょっと、休憩行かない？」と言われたらどうしますか？　やる仕事がたくさん残っているにもかかわらず、「じゃ、少しだけ行くか」と答えてしまうことはありませんか？

でも、18時に帰ると決めていたらどうでしょう。「ごめんね、忙しくて……」と、切り返せるはずです。

残業せずに成果を出す人は、自分で決めた「コミットメント」（約束）があるので、このように、「Ｎｏ」と言えるのです。「早く帰るぞ」と思いながらもつい、流されてしまい、時間をムダにしていないでしょうか？

帰る時間に「決意」を持つことが、最初の一歩です。

「帰る時間」をどう意識してますか？

NG

「早く終わればいいな」と希望で終わってしまう

希望を持つだけだと「できたらいいな、でも……」と言い訳を考えてしまいます。結果的にいつまでたっても定時に帰ることができません。

OK

「帰る時間」を決めてから仕事をはじめる

「そのときの思い」は考えている以上に環境に流されやすいもの。自分で「コミットメント」（約束）をつくることで、周囲に流されないようになります。

2 想定外のトラブルでもバタつかない

仕事は、いつも計画通りスムーズにいくとは限りません。段取りの良い人は、最悪の事態を意識した上で予定を組みます。だから移動中に電車が遅延しても、相手が締切に遅れたとしても、バタつかないのです。逆算して考えながら、まさかの事態に対応できるよう、予定を組んでおきましょう。

■電車で地震に遭遇……でもバタつかない

2018年6月に、大阪で大きな地震がありました（大阪府北部地震）。あのとき、私も大阪にいて、講師として研修会場に向かうために電車に乗っていました。

前触れもなく電車が上下にバウンドし、すぐに緊急停車。その場所はまさに震源地付近で、当然、しばらく電車は動きそうにない状況でした。

研修会場までの距離を確認すると約5キロ。小走りで行けば40分ほどの距離です。

十分に間に合う時間でしたので、走ることにしました。

結局は、研修自体が中止になったのですが、1時間の余裕を見て行動していたので、「遅れてしまうかもしれない。どうしよう」とバタつくことはありませんでした。

もちろん「地震のような天災まで想定して行動しましょう」というのではありません。電車なら、事故や信号トラブルで遅れるのは日常茶飯事です。

また、一緒に仕事を進めてきた同僚が、突然風邪でダウンすることもあるでしょう。ましてや、自分が風邪で休まなくてはならないこともあるかもしれません。

すべての状況を前もって予測することはできません。でも、突発的なトラブルが起きても大丈夫なようにしておきましょう。

■トラブルに強い人は「バッファ」を取り入れている

バタつかずに行動するためには、**スケジュールに「バッファ」（緩衝・余裕）を取り入れてみてください。**

あらかじめ、何があるかわからないことを想定した上で、スケジュールを組んでいくのです。たとえば、実働時間が8時間なら、7時間で終わらせるように仕事の予定を組み、残りの1時間程度を「バッファ」としておきます。

たったこれだけのことですが、こうしておくと、たとえば同僚が風邪でダウンしても、急ぎの仕事を手伝ってあげることができるでしょう。

とはいえ「バッファを取り入れる」と言っても、そんなにうまくいくのかな……、と思われた人もいるかもしれません。特に忙しいときほど、そんな余裕を持てるのか、不安になるものです。タスクがあふれているときは、**バッファを「タスク」（作業）ごとに持つようにするといいでしょう。**

たとえば次の図をご覧ください。これは私が、ある作業を3日かけて行ったときのものです。

工程は13個。まず、タスクごとの「手なり」（余裕を持って完了できる時間）と「最短」の予測をしました。これで、タスクの全体像が鮮明になります。

すると、全体のバッファ（手なり－最短）として、7時間の余裕があることがわかったので、パソコンが壊れようが、データが消えようが、何があっても大丈夫な状況だと認識できました。

工程が複数ある場合、
工程ごとに「バッファ」を設ける

			手なり予測	最短予測	バッファ
1	シート		1:00	0:30	0:30
2	ロジックツリー	プロセス面	1:30	0:15	1:15
3		システム面	1:30	0:15	1:15
4		要素	0:30	0:15	0:15
5	参照資料作成		1:30	1:00	0:30
6	事例作成	企業	0:30	0:15	0:15
7		ケースＡ１	1:00	1:00	0:00
8		ケースＡ２	1:00	0:30	0:30
9		ケースＡ３	1:00	0:30	0:30
10		ケースＢ１	1:00	1:00	0:00
11		ケースＢ２	1:00	0:30	0:30
12		ケースＢ３	1:00	0:30	0:30
13	骨子作成		3:00	2:00	1:00
14					
			15:30	8:30	7:00

バッファ

バッファを使って、予定を前倒しに

バッファを設けたものの、結果的にスムーズに仕事が進み、何事も起らなかったとしましょう。それは決して、ムダにはなりません。**未使用のバッファを次の仕事に当てるのです。**

先に紹介した私の仕事も、「手なり予測」よりも6時間半も早くできたので、その分が未使用になりました。結果的にこの「未使用のバッファ」を使って、2〜3週間先のタスクを処理することができたのです。こうすれば、時間の流れを超えるスピードで仕事を片づけていく感覚を得られます。

段取りの良い人は、バッファを取り入れながら、結果的に前倒しで仕事をどんどん進めているのです。こうすれば、時間に追われる側ではなく、むしろ時間を追う側に回れます。

急なトラブルでもバタつかずに行動できますか？

NG

常に「ギリギリ」でスケジュールを組む

ギリギリで行動していると、ちょっとしたトラブルなどが起こると、急にバタバタすることになります。次の仕事にも取りかかれず、目先の対応に終始追われてしまいます。

OK

常に「バッファ」（余裕）を持っている

仕事では何があるかわかりません。あらかじめバッファ（余裕）を持ったスケジュールを組んでおきましょう。何も起こらなければ、その分早く次の仕事に取りかかれます。

3 締切の設定を「人任せ」にしない

あなたは、会社から目標を付与されることはありますか？　段取りの上手な人は、目標の達成期限を会社から決められていたとしても、さらに前倒しした期限（**Xデー**）を自分で決めています。目標を達成し続ける人は、Xデーを自分で決め、具体的な計画に落とし込んでいるのです。

自分でXデーを決めることが、逆算思考の第一歩！

「逆算して、早期にスケジュールを決める」ことの大切さは、無印良品をV字回復させた松井忠三氏も、『無印良品のＰＤＣＡ』（毎日新聞出版）などで述べています。

あなたも、ぜひ逆算で日々のやるべきことを決めてみてはいかがでしょう。

たとえば、人事考課の期間をもとに、やるべきことを逆算していく方法があります。

あなたの会社にも、人事考課があると思いますが、その対象となる期間は半年ごとでしょうか？ それとも3カ月ごとでしょうか？

いずれにしても、その間に会社から言い渡されるミッションがあるはずです。販売職なら売上目標、経理事務なら財務諸表を完成させることかもしれません。

そこで、この**期間内にミッションを完了させるための「Xデー」（完了予定日）をあらかじめ決めてみてください。そこから日割り（デイリー）のスケジュールに落とし込んでいくのです。**

日々やるべきことが鮮明になり、ムダがなくなります。


Xデーは、会社が定める締切よりも、多少早めに設定するのがコツ。

半年（24週）の目標なら、20～22週で達成する段取りを、3カ月（12週）の目標なら、10～11週目で達成できるように設計し、バッファを持たせます。そこから「日割りでやるべきこと」を設定していくのです。

バッファを持たせることで余裕が生まれ、計画通り進まなかった場合の追い込みの保険となります。

ミッションに「バッファ」を設けると
ますます余裕が生まれる！

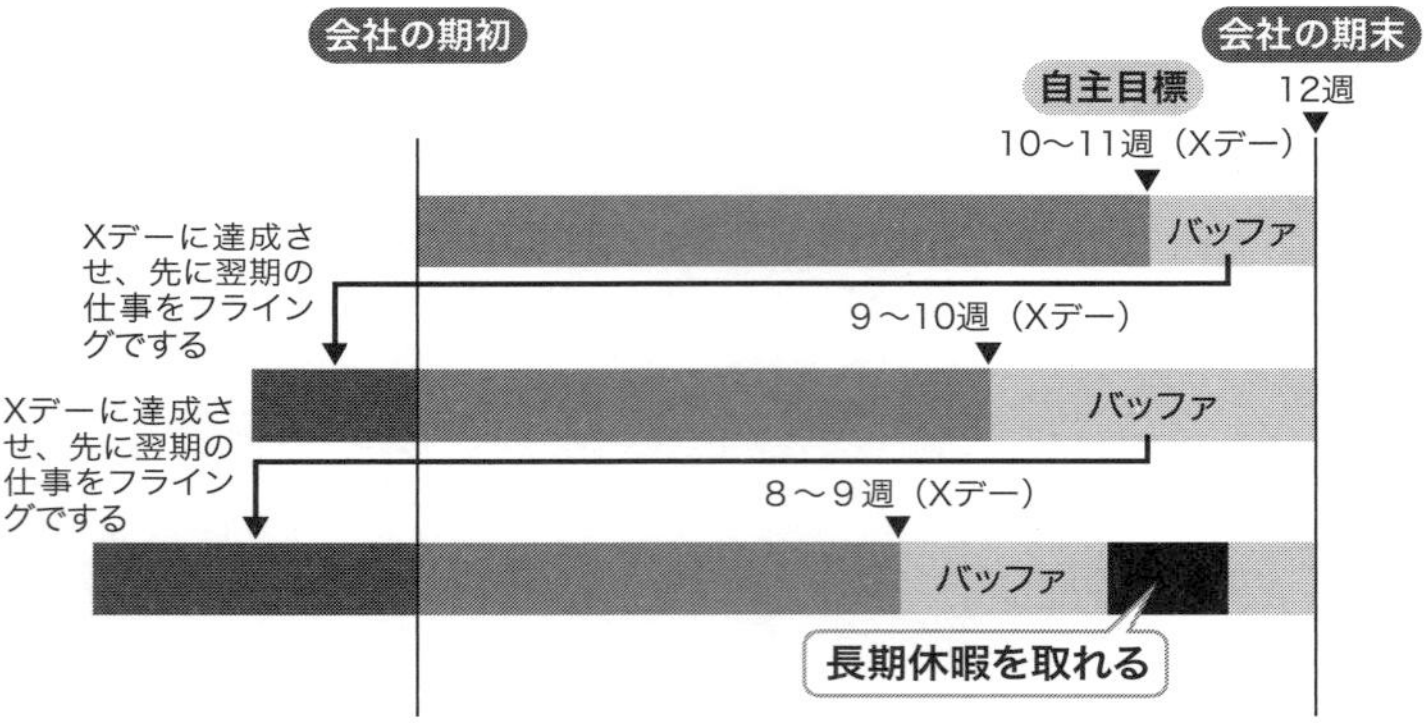

前倒しは、加速していく

私がリクルートグループで営業をしていた時代のことです。期末で社内はバタバタしていましたが、1週間ほど休みをもらって海外に行ったことがあります。

計画を予定通り、2カ月で達成できていたからです。偶然ではなく、バッファを設け、計画的にそうなるように仕込んでいたのです（上の図をご覧ください）。

このように、**バッファを設けておくと、順調に進捗した際は、プライベートで旅行に行ったり、新しい仕事の仕込みができるようになります。**これを積み立てれば、想像を超える余裕が生まれることでしょう。

期限を逆算して仕事をしていますか?

NG

期限は「会社が決めるもの」と考えている

会社から付与された期限を、そのまま自分の締切にしてしまう。そうすると結果として、余裕が生まれず、いつまでたっても仕事がラクになりません。

OK

期限は「自分で決めるもの」と考えている

「会社で設定された期限」より前にXデー(完了予定日)を設定しておきましょう。そうすることで仕事の前倒しが可能となり、期限前でも余裕を得られます。

4 「所要時間」を決めずに着手しない

段取りの良い人は、1日の仕事に取りかかる前にも、それぞれの業務の「作業の所要時間」を逆算して決めています。気がつけばもう夕方になっている……なんてことはなくしたいものです。同時に**今の半分の時間でやる方法を考えてみる**といいでしょう。そこに「ディスラプション」（創造的破壊）が生まれるのです。

To-Doリストに所要時間を入れる

「まずは『あるべき』姿を設定することから始めましょう。そのうえで現状と比較することで、解決すべき問題が見えてきます」――このフレーズは、生産管理のプロ集団、OJTソリューションズが書いた『トヨタ　仕事の基本大全』（KADOKAWA）の内容の一部です。

作業をする際も、あらかじめ「あるべき所要時間」を決めてから取りかかってくだ

さい。たとえば、「この書類作成は最悪でも30分で済ませるようにし、できれば15分で終えられるようにトライする」などと決めておくのです。

そうすることで、現状以上の工夫が生まれます。

次ページの図をご覧ください。これは、本来なら11時間かかる作業を6時間半でトライする（図の❶の箇所）、1日のＴｏ-Ｄｏリストです。

次に、先にミニマムの時間を決めてしまい、その後に一つひとつのタスクに対して時短の作戦を考えます（図の❷～❻の箇所）。具体的には、「資料はイチから作成せず、流用する」「メールは音声入力で済ませる」等です。

このケースではエクセルを用いていますが、手書きでも問題ありません。出勤途中の電車の中でザッとやっておいてもいいでしょう。

うまくいかないときこそチャンス

それでも、うまく行かないことはあるでしょう。

その時、**必ず原因を検証し、改善につなげるようにします。**

前項でも紹介した良品計画元会長の松井忠三氏も「勝ち続ける仕組みはＣＡが作る」と述べています。

To-Doリストに「手なり時間」と「最短予測時間」を入れる

※2〜6は最短に近づけるための工夫

			手なり予測	最短予測	バッファ	対策
1	資料作成	週ＭＴＧ	0:30	0:15	0:15	箇条書きで済ませる
2	企画書作成	Ａ社	1:30	1:00	0:30	Ｚ社の企画書を流用
3	企画書作成	Ｂ社	1:00	0:15	0:45	作成したＡ社の企画書を流用
4	企画書作成	Ｃ社	1:00	0:15	0:45	作成したＡ社の企画書を流用
5	ミーティング	課	1:00	1:00	0:00	
6	ミーティング	プロジェクト	1:00	1:00	0:00	
7	ミーティング	●●さん	1:00	0:30	0:30	あらかじめ資料を送っておく
8	商用の打ち合わせ	●●様	1:00	1:00	0:00	
9	メール、雑務		1:00	0:30	0:30	メールは音声入力で返信
10	訪問	●●様	2:00	0:45	1:15	電話orフェイスタイムで対応
			11:00	6:30	4:30	

1 11時間かかる作業を６時間半で済ませるよう設計

2 社内資料は極限までシンプルで済ませる

3 イチから作成しないことを前提にする

4 会議では、資料をイチから読み上げることをしない

5 音声入力を使えば１通１〜２分で済む

6 わざわざ、行かなくてもいいなら、行かない方法を考える

Ｐ（計画）、Ｄ（実行）、Ｃ（検証）、Ａ（改善策）のうち、ＣとＡこそが、レベルアップのチャンスであるということです。Ｃ（検証）でギャップをあぶり出し、Ａ（改善策）を立てることで、品質が向上するばかりか、あらゆる業務が効率化できると松井氏は言います。

自分が立てた計画が所要時間に収まらなかったら、立ち止まって原因を考えてみてください。ＣＡの習慣を持つことが、効率アップを促進させる鍵となります。

やると決めたら、途中でスマホをさわらない

仕事がうまく進まない原因を検証してみると、「つい別のことをしてしまう」ということも少なくありません。淡々と進めるような作業ほど、ついスマホを触るなど、余計なことをしたくなるものです。

そこで、集中して仕事を進めるオススメの方法を紹介します。「**ポモドーロ・テクニック**」とよばれる方法です。これは、「25分間仕事をしたら、５分の休憩をとる」といった、仕事と休憩を比較的短い時間で繰り返す方法です。知る人ぞ知る集中力を高める方法として普及しつつあります。

方法は簡単。次の通りです。

ポモドーロ・テクニックを使うと、集中状態をキープできる

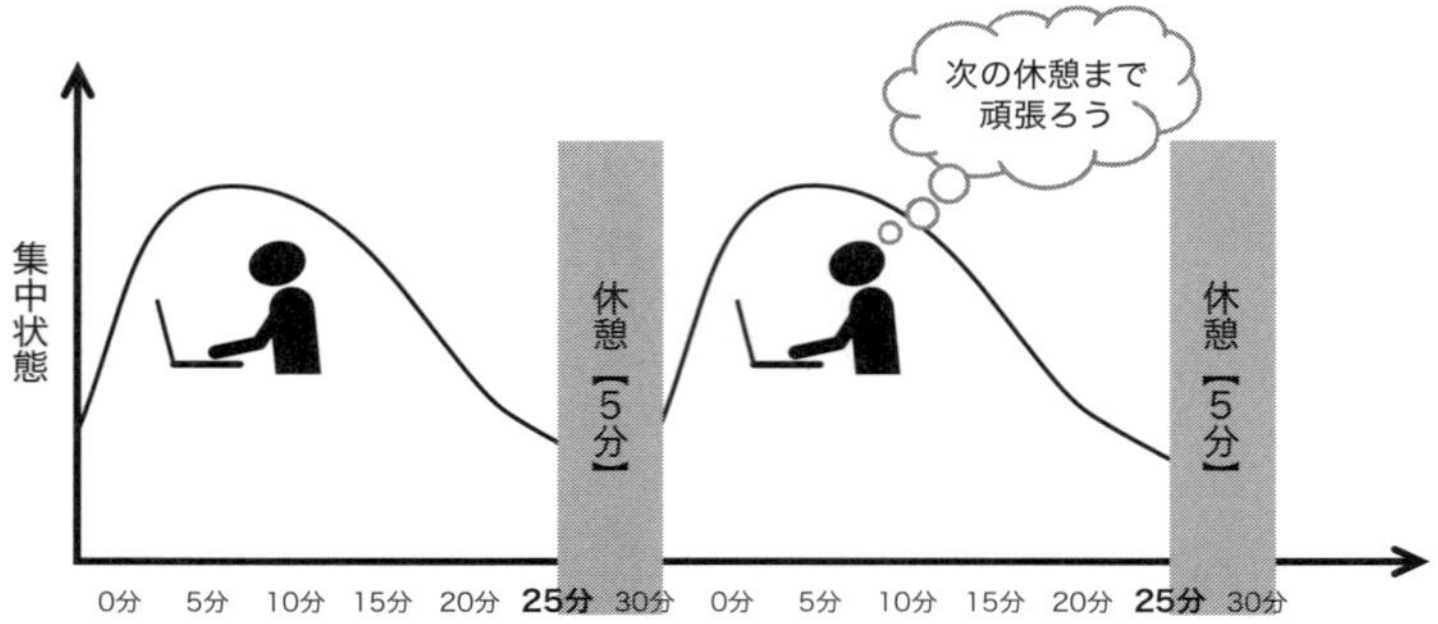

・25分間仕事をしたら、5分の休憩を取る
・これを繰り返し、2時間に1回は15分程度の休憩を取る
・最後にタスクをやり終えた際、かかった時間を記録する
・あらかじめ、決めておいた所要時間との差を確認する（ここが達成感を得られる瞬間！）。

私も集中力が足りないな、と思ったときにやっています。定期的に休憩を入れるので、その分、作業に集中できます。スマホやメールチェックの誘惑に負けないようになりますよ。

1日の仕事の前にやるべきことは?

NG

出社したら目の前の仕事にすぐに取りかかる

時間を決めずに仕事をしていると、気がつけば「あっ、もうこんな時間」と反省することが多くなってしまいます。

OK

出社したらその日の仕事の所要時間をまず決める

その日のタスクに取りかかる前にまず「所要時間」を見積もります。時間を決めたら、その中で集中的に仕事をこなしましょう。

5 1カ月後の予定を空白にしない

あなたは、「やりたいけれども忙しくてできていない」ことはないですか？　逆算して、先に予定を決めておくからこそ、自分のやりたいことを実現させられるのです。

1カ月後の予定に空白が目立つようであれば、スケジュール管理が受け身になっているのかもしれません。

予定は「埋まる」ではなく「埋める」

つい自分の「やりたいこと」を先延ばしにしていませんか？　日々の「やること」が多いと、そうなりがちです。その境遇を打ち破る方法を紹介しましょう。

まずはこの先1カ月の予定をどんどん埋めてみてください。「やること」だけでなく「やりたいこと」の予定も躊躇せず入れていきましょう。

あなたの都合に合わせて決めてしまえばいいのです。そうすることで、スケジュールに対して主導権を持つことができます。

資料を読んだり作成したりする時間を確保しておいてもいいですし、余裕をもって、暑中見舞い、年賀状等を書く時間をあらかじめ作っておくのもいいでしょう。

また、週に2回はジムに通うと決めたら、その予定も入れておきましょう。まずは1カ月先まで、どんどんとスケジュールに書いてみてください。

そうすると、たとえば打ち合わせの日を決める際も、「いつがいいですか？」から「再来週でしたら水曜の午後はいかがですか？」に変えることができます。

段取りの上手な人は、そうやって**スケジュールの主導権を持ちながら、テトリスのように予定を埋めているのです。**

「忘れそうな口約束」こそ、予定表に書く

「詳細はメールしておきますね！」と言って別れることはありませんか？　このようなときは、「では、月末の月曜日にメールをしますね」などと、具体的な日付を伝えておくようにしましょう。

そしてそれを予定表に書いておき、月末の月曜日にしっかりとメールを入れます。

ささいなことでも、自分できちんと予定を決めるようにするのです。すると、相手も、「ちゃんと覚えている人だな」と思うことでしょう。

人は、「人を見て、対応を変える」ものです。あなたがきちんとすれば相手もきちんと対応してくれるようになりますので、より仕事がやりやすくなります。

「後まわし」にする人が貧乏くじを引く

「先々の予定をどんどん埋めましょう」と私が言うと、「自由がなくなる気がする」との反応をされることが少なくありません。これはまったくの誤解です。

むしろ、**予定が定まっていないから、次々と入って来る予定に翻弄されてしまい、貧乏くじを引いてしまう**、といった事態になりやすいのです。

たとえば、あなたが次のような感覚を持っていたら、まずいと思ってください。

- 先のことを決めるとプレッシャーを感じるので、決めないでおこう
- ダブルブッキングの可能性があるので、決めないでおこう
- 気分が変わるかもしれないので、決めないでおこう
- こちらから日時を指定するのは失礼なので、言わないでおこう

先延ばしにすればするほど、自分の都合で予定を組むことが難しくなり、結果としてできないことが増えてしまいます。**先に予定を固めた人が、時間を制すると考えてください。**

「自分を幸せにする」時間を確保する

せっかく予定をどんどん入れるなら、人生を楽しくするための予定で埋めてみませんか。

時間には3つの種類があります。「処理時間」「投資時間」「余暇時間」です。

「**処理時間**」とは、目の前の出来事に対応する時間です。残務やタスクの処理等、いわゆる日常業務を指しています。

「**投資時間**」とは、将来の自分への投資の時間です。人と会う、勉強する、体を鍛えるなど、目の前のタスクとは直接関係しないものの、未来のキャリア、パフォーマンスをより良いものにする活動に充てる時間です。

「**余暇時間**」とは、体や心を休ませるコンディションを整える時間です。ハードな仕事生活においては心身の管理は不可欠です。有給休暇を取得する、帰り道に映画を観る、何でもOKです。リフレッシュさせるのも仕事の効率を高めるためには不可欠です。

今、ワーク・ライフ・バランスの次に来るものとして、「ワーク・ライフ・マネジメント」という考え方が広まっています。

これは、充実した「ライフ」が「仕事」に、そして充実した「仕事」が「ライフ」に、とお互いが良い影響を与え合うように、積極的にマネジメントしていきましょうというもの。

ぜひ、大胆に「投資時間」と「余暇時間」を予定として、前もってどんどん固めてみてください。目先の仕事に追われるばかりの生活では、面白くありません。

「充実を感じる生活」を手に入れることこそが、生き生きと働くためにも大事だと、私は確信しています。

スケジュールを自分で「決めて」いますか？

NG

「予定は入るもの」と考える

予定は、その日が近くなってから決めればいいと考えていませんか？　そうすると周囲に翻弄され、結果的に非効率なものになってしまいます。

OK

「予定は埋めるもの」と考える

自分の都合を先に決めて、空いた時間に打ち合わせなどの予定を入れていきましょう。そうすることで、自分の予定が基点となり、次々と入ってくる他の予定に翻弄されないようになります。

6

「スキマ時間」は30秒でもムダにしない

時間に対して敏感な人は、エレベーターの待ち時間ですら、活用すべき時間だと考えます。後がラクになるからです。たった30秒だとしても、その一瞬でメールを返信できないか、などと考えるのです。あなたは、スキマ時間をムダにしていないでしょうか？　この姿勢の積み重ねが段取りの大きな差になっているのです。

■電車でスマホゲームをしているのはもったいない！

年収と仕事に関する、こんな記事を以前読んだことがあります。

「『スキマ時間に何をするか決めている』と答えた人は、2000万円以上で約半数の49・2％、500万円台で33・0％だった。日々のわずかな勉強時間の差の蓄積が、生涯年収に大きな差を生む」

（『プレジデント』2016年7月4日号）

年収で人を比較するのは、個人的には無粋にも感じますが、それでも思うことは、やはりスキマ時間の過ごし方。少なくとも、電車に乗っている際、スマホでゲームをしている人を見ると、「他にやるべきことがないのかな」と思ったりします。それが、先の記事の言わんとしているところでもあるのでしょう。

たった数分かもしれませんが、**スキマ時間を無駄にせず使おうとすることは、段取りの良い、効率的な生活を送る上では重要な要件**です。

■ボーッとエレベーターを待たない

最初は、スキマ時間にやることをイメージすることから始めてもいいでしょう。「やっておくと、後がラクになるもの」がベストです。

たとえば、**「30秒～5分」、「5～10分」に分けて、それぞれの時間内でできることを考えてみてください。**

30秒～5分でできること

ほんの「一瞬」のスキマ時間ですが、意外とできることはあります。

- ＴｏＤｏリストをチェックする（エスカレーターで２Ｆに昇る際にもできる）

- ちょっとした片づけ（電車のホームでカバンの整理など）
- スマホでメールを返信（音声入力ならエレベーターの待ち時間でもできる）
- 今日の行き先の地図を再確認しておく（電車で移動中にやっておく）

5～10分でできること

ちょっとしたパソコン作業ができたり、考えごとができる、そんなスキマ時間です。

- 資料や企画書の一部を作成しておく
- 今後の予定を埋める作業をしておく
- 電話で打ち合わせをしておく
- たまったメールを一気に返信する

これらの積み重ねが、結果的に仕事の段取りを飛躍的にスムーズにしてくれます。

スキマ時間をうまく活用してますか？

NG

スキマ時間についスマホを見てしまう

少し空いた時間でついSNSをボーッと見たり、ゲームをしてしまったりするのはもったいない行為です。今のラクをとると、後が大変になります。

OK

スキマ時間でちょっとした仕事を片づける

一瞬のスキマ時間でも、簡単なメールの返信や、ちょっとした整理整頓など、できることはたくさんあります。

7 「帰りにくい」を言い訳にしない

「みんなが残っているから帰りにくい」を理由にした残業ほどムダなことはありません。**「残っても仕方がない」のなら、さっさと帰ってしまいましょう。**

ここで「ちょっと気まずいかも」と考えたとしたら、「アカウンタビリティ」（説明責任）の問題なのかもしれません。

「この時間に帰っても責任は全うする」ことをしっかりと説明するスキルもビジネスパーソンとして不可欠。無責任な判断ではないことを周囲に理解してもらいましょう。

責任を全うするためにも、躊躇せずに明日の準備だけして帰りましょう。その代わり、翌朝、誰よりもアクティブなスタートダッシュを見せつけたらいいのです。

勝っても、負けても、切り上げる

先ほど（78ページ）、「ワーク・ライフ・マネジメント」が大事だと申しました。これを意識すれば、結果としてあなたの仕事も良いほうに向かうでしょう。

面白い方法を紹介します。

1日1日を「ゲーム」（勝負）だと考える方法です。

そして、今日1日をゲームとして、本気で勝負してみるのです。

たとえば、営業や販売職は、売上の目標があるのでシンプルです。そこで、自分自身の1日の目標として、「日商目標」を決めてしまいます。

たとえば、月間の売上目標が1000万円だったら、次のように計算します。「実働22日換算だとするなら、日割りにして1日当たり45万の日商目標」と。

1日45万円以上の成果を出すことができれば勝ち、それ以下なら負け、というわけです。**結果はどうであれ、勝負は1日が終わった時点で終了です。**負けたら、明日にその分を取り戻せばいいのです。

もちろん、数字の目標がない職種でも同じ。その日にやると決めたタスクができたら勝ち。できなければ負け。つまり、1日1日を勝負と見立て、時間が来たら終了と考えると、帰る決断をしやすくなります。

納得いくまで残業するのは非効率でしかない

残業をズルズルとしたところで、非効率であることがほとんどです。

法人営業職のケースで、私もそのことについて検証をしたことがあります。毎日19時以降も会社に残って頑張っている人と、毎日残業せずにサクっと仕事を切り上げて、翌朝に仕事を回した人の成績を比べてみたのです。

「数字」で検証すると、結果は明白でした。時間当たりの商談数、契約数は、翌朝に回した人のほうに軍配があがったのです。つまり、サクッと帰る人ほど、効率を意識して仕事をしていたわけです。

夜は、集中力が落ちていますし、連絡しようにもお客様が会社にいないなど、ほぼ罰ゲームではないか、と思うくらいに逆風の環境なのです。そんな時間に働くなど、もはや自己満足でしかありません。納期や約束を守るのは最優先ですが、そうした事情がないなら、サクッと切り上げて、明日に回すのが正解です。

効率の悪い残業をしていませんか？

NG

「今日中に終わらせたい」とズルズルと残業してしまう

時間をかければ、効率が悪くても仕事はある程度できてしまうかもしれません。しかし、結果的に仕事のやり方を変えることができず、残業が当たり前になってしまいます。

OK

決めた時間に、スパッと帰る

やるべきことを決め、それができたらスパッと帰る。それだけでなく、未達成、未完了でも、明日に回す。大事なのは気合や根性ではなく、時間当たりの生産性なのです。

8

「イケてるセルフイメージ」を持つ

人は、人から見られているであろう「自己のイメージ」に合わせて行動を選択します。**「自分は段取り良くサクサクと結果を出す人である」といった自己イメージを持ってみましょう。**きっと、その姿に自分が近づいていくはずです。

「勘違い」もやれば「本当」になる

人間の意志なんて、それほど強くないものです。

気持ちの昂《たか》ぶりで「ダイエットするぞ」と決めても、つい目の前のクッキーを食べてしまうことはないでしょうか。ダイエットで肝心なことは、我慢することではなく、「成功したときの自己イメージ」をどれだけ鮮明に持てるか、で決まるといいます。

『影響力の武器』（誠信書房）の著者であるアメリカの社会心理学者、ロバート・B・チャルディーニ氏も、「他者が自分に対して抱いているイメージに、人は、自己イメージを合わせようとする」と言っています。

この考えを応用して、「他者があなたに対して抱いているイメージ」を自分で作ってしまいましょう。自分の「イケてるイメージ」を社内に伝播させるべく、あえてサクッと帰るようにするのです。

たとえば、こんなイメージ。

- 週に3回はジムに通って自己鍛錬している人
- 新作の映画はいつもチェックしていて、話が面白い人
- 毎日、家族とご飯を食べ、子どもとお風呂に入る家庭的な人
- 月に1回は弾丸で旅行に行く好奇心旺盛な人

つまり、どんなことでもOK。**そのイメージの自分になるべく、仕事後にプライベートの予定を入れてしまうことで、帰らざるを得ない環境を作ってしまう**のです。

かつて、私もこの方法に助けられました。選んだのは英会話。恥ずかしながら、「英語に強い人」とは認識されませんでしたが、「成長意欲の高い人」とは思われるよう

になったので、早く帰りやすくなりました。

あとは平日も週2回はジムに行くと決めたことで、体に気を使う人だと思われるようになり、「今日もジムに行くの？」と声をかけられるようになりました。

あれから20年。今なお、ジム通いは続けています。いずれも実際にやってみて、自己イメージを高めることの重要性に気づかされました。


当時から、いつもズルズルと残業する人とは絶対に思われたくなかったですし、結果として周囲もそう見てくれていたように感じます。

だからこそ、自分を追い込めたのだと思います。そう考えると、「こんな人になりたいと思ったら、そのようになれる」というのも言い過ぎではない、というのが私の確信です。あなたは、どんなセルフイメージを持ちますか？

「自分のイメージ」を考えながら行動する

NG
「気持ちの昂《たか》ぶり」だけでトライする

気合と根性があれば「決めたこと」を実行できると考えてしまう。しかし、昂ぶりが収まるにつれて、決めたことがなし崩し的にできなくなってしまいます。

OK
「成功イメージ」を持ってトライする

「決めたこと」を実行できる人は、人の意志など弱いものと考えています。だからこそ、決めたことをせざるを得ない環境を作ることで、流されないようにしているのです。

✓ Check

「逆算型」になるためのセルフチェック

□ 帰る時間を決めてから、仕事に着手しているだろうか？
□ 電車がトラブルで遅延しても、間に合うようにしているだろうか？
□ 約束よりも早く仕上げることで、「余裕を作る努力」をしているだろうか？
□ 目標があるなら、最初の段階で「達成予定日」を決めているだろうか？
□ タスクに取りかかる前、タスクごとの「所要時間」を決めているだろうか？
□ スキマ時間でやることを決めているだろうか？
□ 周囲が残業をしていても、迷わず帰ることができるだろうか？（説明すればいい）
□ 「イケてる自分」をイメージできているだろうか？

第3章

段取りがうまい人の「やり取り」の仕方

1 期日交渉にひるまない

相手の希望だけで、仕事の納期を決めていませんか？　段取り良く仕事をこなすためには、ささいなことでも、「**納期交渉**」が必須です。あえて納期に余裕を持たせ、それよりも早く納品すれば、相手の信頼感も高まります。

ムダに急ぐ必要はない

職場にて「急ぎでお願いできる？」と言われたとき、あなたはどうしていますか？「すぐやります」と即答してしまい、今日も残業……なんてことはないですか。

ここで、ちょっと立ち止まって欲しいのです。

その「すぐ」は、実は誰のためにもなっていない可能性があるからです。むしろ相手は、あなたにムダな残業はして欲しくはないはず。今の時代、上司にしてみても、部下に無理な残業を強いれば、評価が下がってしまいます。

仕事を振られたとき、まずやるべきは「期日の相談」です。でもそう言われても、ちょっとわかりにくいかもしれませんね。

もちろん、一瞬でできるメール返信、ささいな確認は、その瞬間に済ませるのが正解。でも、資料の作成や手配等、ある程度の時間がかかる作業の場合は、「期日の交渉」次第でムダやバタつくことをなくせるのです。

実はせっかく他の仕事を中断してすぐにやったのに、「ムダな努力である」可能性もあるのです。次の会話のように「期日交渉」をすれば問題はなくなります。

「急ぎでお願いできる？」

「かしこまりました。急ぎます。あさっての11時にご覧いただく段取りでも差し支えないでしょうか？」

「オーケー、じゃあそれでお願い」

いかがでしょう。**ムダに急がずとも、明日の仕事に回すことができました。**

トヨタ自動車では、早く作りすぎることも、ムダを生む原因であると教えられています。必要なタイミングで必要なモノがあればいいのです。

良かれと思い残業して仕上げたのに、誰のためにもなっておらず、月末に「ちょっと今月は残業が多いぞ」と注意されることほどバカらしいことはありません。

「いつまでに必要ですか？」と聞くべきとき

とはいえ、いきなり「あさっての朝でいいですか」とこちらの希望を伝えるのが難しいときもあります。相手の「緊急度」が読めない場合です。そのときは、**臆さずにあなたの状況を伝えてみてください**。次のような感じです。

「かしこまりました。すぐにやります。ただ、**今、○○の仕事をしておりまして、いつまでに必要ですか？**」と。

この、「○○の仕事をしている」と言えることが大事。それを受けて「じゃ、今週中にお願いできる？」となれば、それが余裕となります。

期日の交渉をしたほうが、あなたの評価が上がる

あなたの評価を上げる秘策をお話ししましょう。

「**あえて、期日に余裕を持たせ、その期日より早く仕上げる**」ことです。

ずるいと思われるかもしれませんが、明日にはできることであっても、期日に少し余裕を持たせてみましょう。「今週中ではまずいでしょうか？」と。

このとき、「大丈夫だよ。よろしく」となれば、余裕が生まれます。でも、そこで満足せず、その期日より早く仕事を仕上げてしまうのです。

「え、もうできたの！　急いでやってくれてありがとう」と、それだけであなたの評価も上がります。ぜひ、余裕のある期日設定をしてみてください。ずるいと思われるかもしれませんが、これも要領のいい人がやっているワザです。

交渉をしづらい場合は？

自分の立場では、交渉なんてできない、と考える人もいます。

私があえてそんな人に確認したいのは次のこと。

「それって、パシリの発想になっていないだろうか」ということです。

先輩にパンをすぐ買ってこいと言われ、ダッシュで買ってくる。でも、先輩からは、いくら廊下をダッシュしようが、その汗は認めらない……。

「すぐやります」としか言えないのは、これと同じだと思いませんか？

厳しいと思われたかもしれませんが、私はそうだと考えます。

パシリを選択することは、不健全な忖度の第一歩です。ビジネスの関係は、本来、もっと健全なものであるべきです。

上司や顧客に対してであっても、きちんと自分の希望を主張したほうが、絶対に仕事は面白くなります。勇気がいるかもしれませんが、人として対等に接してくれる上司やお客様であれば、そのくらいのことで嫌うことはないでしょう。

「仕事の納期交渉」をしてますか？

NG

相手の希望する納期に合わせようとする

時間に余裕がなくても、相手の希望する納期に合わせて、ムリをしながら仕事をする。そうすると、結果として長時間労働が慢性化してしまいます。上司や顧客からの評価も上がりません。

OK

自分の希望する納期をきちんと伝える

仕事を頼まれた際には、まず、相手の緊急度に合わせながらも、臆さずに期日の相談をしましょう。その上で、合意した期日より早く仕上げれば、感謝もされます。

2 「ムチャぶり」はうまくかわす

あなたは、「うまい断り方」を知っていますか？　ムチャぶりを言ってくる相手の要望に応え続けると、それが当然になるどころか、ときには拍車がかかることもあります。

あなたが無条件に受けている限り、相手はその要求を「ムチャぶり」とは思いません。こちらの事情を理解してもらうためにも「うまい断り方」を身につけましょう。

■「うまい断り方」のポイント

いつも急な依頼をしてくる人は大体決まっています。たとえば、「明日には資料を欲しい」と急に言ってくる、そんな人。もちろん、悪気があって言っているのではなく、場合によってはとても良い人だったりします。

でも、その依頼に応え続けると、それが当たり前になり、感謝すらされなくなるで

うまい断り方のメールの例

> 大変恐縮でございます。
>
> 明日までに、具体的な企画案を作成する件ですが
> ぜひ、やらせていただきたいとは思いながらも、
> 私の勝手な事情を申し上げますと
> 終日、研修が入ってしまっており
> 作業を行うのが困難な状況です。
>
> もし可能でしたら、
> 次回のお打ち合わせの際、口頭にて説明させて
> いただく方法で、いかがでしょうか。
> ご不明な点については、しっかり答えられるように
> 致しますので、ご安心ください。
>
> いかがでしょうか。
> ご検討いただけましたら、幸いです。

誠意を示す

事情を示す

代案を示す

しょう。**良好な関係を保ったためにも、「やんわりと断る」方法を覚えておくべきです。**

上のメールをご覧ください。伝えるべきことは、たった3つでOK。

- **誠意を示す**
（本当はやりたい）
- **事情を示す**
（でもできない）
- **代案を示す**
（代わりにこれはどう？）

では、ムチャぶりの仕事を断りたいけれども、その理由

がないときはどうすればいいのでしょうか。

そのような場合、無理やり理由を作ることで、体よく断わってしまいましょう。「時間がなくて、すみません」と。

ムチャを言い続ける人に対して限定ですが、ときには方便が必要なこともあります。これも良好な関係を維持するコツです。


お人よしとは、「虎にステーキを与え続ければ、いつか草食動物になってくれると信じている」人のことだと、ハーバード大学交渉学プログラムの設立者、ウィリアム・ユーリー氏は言います。

お人よしの先にあるのは、獰猛な相手をさらに獰猛に育ててしまうだけです。あなたがムリにお人よしになっていてはいけないのです。

ムチャぶりを言う相手が悪い、と考えると解決が難しくなりますが、**自分がムチャぶりに対応できていないことが問題と考えると、解決は容易になります。**

「仕事を断れないお人よし」になっていませんか？

NG

「仕事は断わらない」がモットー

ムリをして受けてあげたのに、相手はそのような事情を知らず、感謝すらされない。そうしてしまったのは、その仕事を受けた側の問題でもあります。

OK

うまく「断ること」で良好な関係を続ける

何度もムリして仕事を受け続けると、それが「当たり前」と思われてしまいます。仕事の段取りを崩さないためにも、こちらの事情をきちんと示すことは大切です。

3 意地でも「なるべく早く」とは言わない

時間を伝える際には、「明確さ」を意識しましょう。あいまいな表現ではトラブルになることがあるからです。特に「なるべく早く」（なる早）などという言葉は封印することです。

■相手と自分の受け取り方の違い

94ページでも述べましたが、**すべての「やり取り」には、明確な期限を設けてください。**ここをボヤかすと、ときにクレームになります。相手から催促されてしまい、バタバタするのは避けたいものです。

私の失敗談を紹介します。

求人広告の営業をしていたときのこと。お客様から「電話の折り返しが遅いじゃないか」と言われたことがありました。電話があってから5分後に折り返したにもかかわらずです。

普段はここまでせっかちな人ではありません。理由を聞くと、次のような事情からでした。

「お宅の電話を受けた人が『すぐに電話をさせます』と言っていたよ」とのこと。

先方は、出かける用事があったにもかかわらず、私の電話を待っていたのです。

「急がせますが、場合によっては5～10分程度、かかってしまうかもしれません。よろしければ、私が承りましょうか？」と電話を受けた人が伝えていれば、問題はなかったでしょう。社内で電話を受けた人と私とで情報を共有しておくべきで、私たちの想像力の欠如を反省した瞬間でした。

でも、実際のところ、ここまで相手のことを想像するのは限界があるでしょう。**どんなにささいなことでも、あらかじめ期限をきちんと明確にしておくことが、予防策となる**のです。

時間に厳格な人が得をする

当時の私の仕事は、広告の掲載料の回収まで自分でする必要があり、なかには、金払いの悪いお客様もいないわけではありませんでした。「なるべく早く振り込みますね」という言葉を信じると、いつまで待ってもお金は入りません。

このように言われたら、「明日の13時まででもいいですか？　期日に厳しい会社で、恐縮です……」などと、期限を区切って自分の要望を主張するべきなのです。

期限を示せば、ほとんどの場合、入金されます。

「人は相手を見て、態度を変える」とはこのことです。

時間に厳しい態度を取れば、それが、相手にとってちょっとしたプレッシャーとなり、「あの人は待たせてはいけない人」となることを知りました。

これは、集金のことだけではなく、すべてにおいて当てはまります。

明確な期日を設定してください。それだけで、ルーズな人のあなたへの対応は変わります。

「期限」をきちんと伝えていますか？

NG

期限を「あいまい」に伝えてしまう

「うるさくて失礼だと思われてしまうかな」と、期限についての確認をあいまいにしてしまう人もいます。しかし、結果的に、相手からの優先順位を下げられてしまい、振り回されることになります。

OK

期限は「具体的」に伝える

期限をきちんと示すことで、相手もそれに沿って動いてくれるようになります。「時間にうるさい人」になることは、相手を動かすパワーになることも知っておきましょう。

4

「早とちり」をしない

仕事において、想定外の「やり直し」は絶対に防ぎたいところ。なので、**段取りの良い人は、かなり念入りに「事前確認」を行います。**

「多分、こうかな」と経験で判断しないようにしていましょう。経験があるほど、早とちりしやすいので、注意が必要です。

こうして「早とちり」は起こる

インターネットで見かけた面白い記事を、事実確認をせずにSNSなどでシェアしてしまう「早とちりシェア」が増えています。

その後、その記事が間違いだとわかると、お詫びのメールを入れるなどの対応を迫られることもあります。このような判断ミスは、ちょっと冷静になれば防げたはず。なのに、どうして早とちりしてしまうのでしょう。

「確認が甘い」――それ以外の理由はありません。

でも、実際、早とちりをしてしまい、やり直しになってしまうことは、どんな仕事においても少なくないでしょう。

やり直しの原因の多くは、「確認が甘い」、もっというと「シングルチェック」になっているためです。確認の基本は「**ダブルチェック**」。最低2回は、きちんとチェックをしましょう。

「微妙なところ」こそ、明確にする

また、相手がうまく伝えられない、「微妙なところ」をあらかじめ確認するスキルを身につければ、やり直しは予防できます。

知る人ぞ知るとっておきの方法を紹介しましょう。**要望を「Must」「Want」「NG」でレベル分けするのです。**

- Mustとは「絶対に必要なこと」
- Wantとは「あれば嬉しいこと」

・NGとは「これだけは避けたいこと」

たとえば、上司から社内の営業キャンペーンの企画を依頼されたとしましょう。依頼を受けたタイミングで、「盛り込んでおきたい要素を伺っていいですか？」とすべての要望を確認します。

もちろん、全部を鵜呑みにしてはいけません。その後が大変になります。なので、その要望の仕分けを行います。

「今回、絶対にコレだけは外せない要素はありますか？」（Ｍｕｓｔ）
「それ以外の要素は『あれば嬉しい』ということでいいですか？」（Ｗａｎｔ）
「他に、絶対にコレだけは避けたいということはありますか？」（ＮＧ）

ここで、ＮＧを聞いておくと、想定しなかった要件が追加されることがあります。たとえば、「個人対抗の企画はダメ。チーム対抗にしてほしい」等の要望があるかもしれません。

仕事を依頼された段階で、「Ｍｕｓｔ」「Ｗａｎｔ」「ＮＧ」を確認しておくと、こ

「やり直し」を防ぐための確認方法

Step1　すべての要望を聞く
「盛り込んでおきたい要素があれば伺っていいですか？」

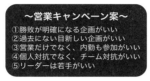

～営業キャンペーン案～
①勝敗が明確になる企画がいい
②過去にない目新しい企画がいい
③営業だけでなく、内勤も参加がいい
④個人対抗でなく、チーム対抗がいい
⑤リーダーは若手がいい

Step2　「Must」と「Want」に分ける
「絶対にコレだけはハズせない要素はありますか？」

Step3　「NG」を確認する
「絶対にコレだけは避けたいということはありますか？」

れだけでほとんどのやり直しは防げます。

さらに、いざ取りかかったら、作業の序盤に、「方向性に違和感がないか」を確認しておきます。これがダブルチェックになります。

キャンペーンの具体的内容（期間、目標、参加対象者など）や、漏れている点がないかなどについて、メールで一覧にして、確認しておきましょう。ここまでやっておくと、完全にやり直しを予防できます。

仕事の「やり直し」を防ぐには？

NG

確認を1回で済ませる（シングルチェック）

1回確認するだけで、後は自分の経験や勘で仕事を進めてしまうのは危険です。1回ではモレがあると考えましょう。完成してからやり直す手間は計り知れません。

OK

確認を2回以上入れる（ダブルチェック）

自分なりの仮説があっても、相手の希望や要望を正確に把握するために、必ず2回以上は確認を入れます。そのときは手間に感じても、やり直しを防ぐことができ、仕事がスムーズに完了します。

5 得意なことこそ一人でやろうとしない

一人で頑張ろうとすると、いつもバタバタし、段取りも悪くなりがちです。一方で、段取りの良い人は、一人でできる仕事でも、「手分けをする」ことで、もっとスピードアップをできないかと考えます。あなたが抱えている仕事も、手分けをすることでもっと早くできないか、検討してみましょう。

■一人で頑張る人の限界

チームのみんなでなんらかの成果を目指すなら、自分だけでやるのが効率的とはいえません。

こだわるべきは、「出来栄え」より、「一人ひとりの主体性を高める」ことだからです。その鍵こそが「自分も参加している」という感覚を皆が持つことなのです。

「自分でやったほうが、出来栄えが良い」と頑張る人ほど、周囲から気をつかわれる

ばかりか、一人でバタついてしまいがちです。こうなると組織では浮いた存在になってしまいます。

それ以上にこういう人は、かえって周囲のやる気を落として、結果的にチームとしての段取りを悪くしている可能性があります。「協力をしながら作業を進める」「知恵を出し合う」そんな姿勢こそが、組織で仕事をする人の、うまいやり方だと肝に銘じておきましょう。

頑張ったのに役員に叱られた私の経験

特に、自分が「得意なこと」「こだわりのあること」については、仕事の進め方について、かなりの注意が必要です。**気がつけば、自分一人でやってしまっていたということが少なくない**からです。

私も失敗しました。会社員の頃、社内の営業キャンペーンの案を提案したとき、役員から次のような注意を受けました。

「ここまでガチガチに決められた案を君から下ろされて、同僚はやりたいと思う？彼らにしたら、『やらされ感』しかないでしょ」

自分で企画を練り上げ、さらにはロゴまで考えて稟議《りんぎ》に臨みましたが、このように注意され、目が覚めました。

事前に意見を聞いたり、キャンペーンの名称をみんなで考えたり、ロゴの作成を誰かにお願いしたほうが、結果への効率を考えるなら、正解だったわけです。一人でやることのマズさはわかっていたつもりなだけに、猛烈に反省した瞬間でした。

「自己決定感」という考え方があります。

「自分が決めた」という感覚を指し、社会科学分野の心理学者エドワード・デシは、自己決定感こそが「内発的動機（やる気）を高める要素」であると提唱しました。

チームで「結果を出すための一番の鍵」は何かと言ったら、この考え方です。一人のパワーより複数のパワーを集中させたほうが、当然強いわけです。**他の人の協力を依頼することは、組織、チームで仕事をする人の隠れたルール**だと思っておいたほうがいいでしょう。

自分だけで仕事を進めようとしていませんか？

NG
一人でやったほうが速いと考える

人にお願いするのは面倒だし、自分でやったほうが出来栄えもいい。なので、自分ですべてやってしまう。自分が得意なことほど、そうなりやすいので注意が必要です。

OK
「手分け」すればもっと結果が良くなると考える

良い結果を出すためには、自分の経験や工夫だけでは限界があります。一人でこなそうとせず、協力し合ったほうが、最終的には速く、質も良いものに仕上がります。

6 「やり方」にこだわらない

段取りの良い人は、「Ｈｏｗ」（やり方）より「Ｗｈｙ」（目的）にこだわります。「やり方」を決めるのは、目的を明確にした後でいいと考えます。目的を考えれば、あれこれやる必要がなくなるからです。

「やり方」はどうでもいい、と割り切る

つい、やることが増えてしまい、予定がゴチャゴチャになることはないですか？

これは「やり方」にこだわるからです。

「やり方」なんて、どうでもいいと考えた瞬間から、もっとラクになります。

たとえば、会議の議事録。別に議事録を書かなくても、「会議で書かれたホワイトボードをスマホで撮影して送ればいい」と考えれば、その仕事はなくなります。話し合った内容を忘れないようにすればいいだけのこと。

もっとラクしようと思うなら、各々の参加者がスマホでホワイトボードの文字を撮影するだけの方法もあります。これなら、終了後にメールを送る作業すらなくなります。あとは、合理的なほうを選ぶだけです。

また、私自身もこんな経験をしたことがあります。私が営業だったときのことです。当時はテレアポをして新規開拓するのが当たり前で、たくさん汗をかいた人が偉いとされていました。一方で私がやったのは、徹底した紹介営業。お客様からの紹介だけでなく、他業界の営業マンと紹介をしあうという方法（金銭のやり取りはなく）や、業界組合に行き、何十、何百社と紹介してもらう方法でした。

この方法ならアッという間に会社の目標をクリアします。一部からズルとの非難も出ましたが、「投資対効果」が格段に高い方法でしたので、上司からはほめられました。

「筋《すじ》の良い方法」の見つけ方

この紹介営業の方法は思いつきで考案したわけではありません。あらゆる選択肢を考えつくし、その中から、最も効果的な方法を選んだのです。

このように、効果的な方法を選ぶ際は「ロジックツリー」で考えるといいでしょう。ロジカルに考えればヌケ・モレがなくなるからです。「ロジック」というと「難しい」と考える人もいるかもしれませんが、そんなことはありません。

もともとは私もロジカル（論理的）な考え方は得意ではなかったのですが、この方法を覚えてから、急速にロジカルになり、あらゆる選択肢を考えられるようになりました。

次ページの図をご覧ください。1つのトピック（この場合は「売上を作る」こと）について、課題が明確になるように、どんどん具体化させています。この樹形図のことを「ロジックツリー」といいます。

ロジックツリーのルールは3つです。

①縦の要素は「**モレなくダブリなく**」考える（件数と客単価など）

②方法を絞る際は、「**効果的な打ち手**」**につながるものを設定**する

③方法には正解はなく、「**とりあえず決める**」で**OK**

課題を特定すると、やることが絞れる

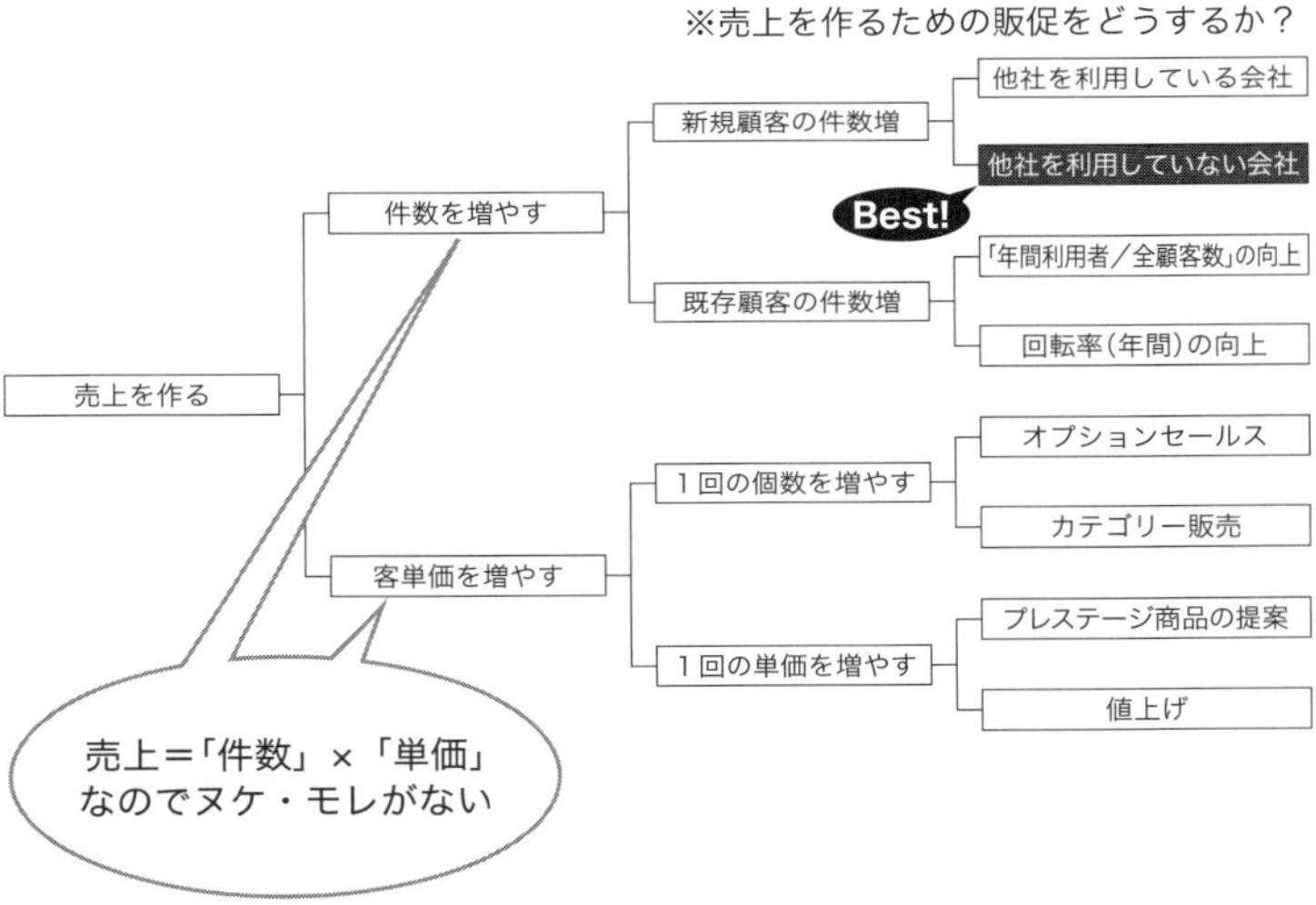

■ロジックツリーがうまく書けなくても気にしない

どうでしょう。

もし、それでもロジックツリーを作るのが難しそうであれば、とにかく、ルールを無視してでもいいので、このようなツリー（樹形図）の形になるように、要素を出してみてください。グチャグチャでもOKです。

実務においては、ロジックツリーが間違っていても、さほど問題ありません。大事なことは、**ロジックツリーをきれいに書くことではなく、ヌケ・モレなく、選択肢を出そうとすること**。このとき、ツリーとして俯瞰して確認することができればOKです。

職場を見渡すと、ロジックツリーで考えるのが得意な人もいます。その人の力を借りながら進めてもいいかもしれません。やり方ではなく、課題と考えを絞り、あらゆる選択肢から選ぶことが重要なのです。

仕事の「課題」がきちんと見えていますか？

NG

「How」（やり方）にこだわる

問題に対しては、「どんな解決策があるかな」と経験やひらめきから考えてしまいがちです。しかし、この方法ですと、やるべきことを絞れず、ムダなタスクが増えてしまいます。

OK

「What」（目的）にこだわる

目の前の問題を解決するために「何を」解決すべきなのかを先に考えましょう。方法はその後。できるだけ経験やひらめきでは考えないようにします。

7 労力に見合わない努力はやらない

段取り良く仕事をするためには、「**投資対効果**」で力の入れ方を決めましょう。成果の少ないことに時間をかけないという合理性は不可欠です。**ただ目先の損得ではなく、長い目で「意味があるかどうか」で吟味します。**あなたは、労力に見合わない苦労をしていませんか？

ほとんどの資料作成は労力に見合わない

打ち合わせに向け、資料を作成して欲しいと言われ、1時間かけて作成した資料が一瞬ちらっと確認されただけだった、ということはないですか？

このようなときこそ、「やってしまった！　口頭でよかったじゃん」と思って欲しいのです。

ビジネスで優先すべきは、「合理性」です。とりあえずの資料作成をいったんやめ、**簡単なことなら、会議や打わち合わせの場で口頭で説明ようにするようにしてみてください。**

会議や打ち合わせの冒頭で、「今日は、２つの相談と１つの報告をさせていただきたいと思います。内容は……」と切り出し、話をします。

また、最後には「では、決めたことを確認していいですか？　まず、１つ目ですが……」と復唱します。これで十分です。

事前に、「資料はないの？」と言われたら、こう返してみてはいかがでしょう。

「この件でしたら、口頭で説明するだけでも伝わるようにしようかと思うのですが、いかがでしょうか？」と。

また、**会議で決めた内容をわざわざメールで送る作業も、「ムダかも」と疑ってみてください**。多忙な人は、ほとんど見ません。物理的に時間がないのです。

いずれにせよ、かけた労力に見合わないことは、やらないことです。

お金に換算して考えてみる

その作業が「**将来、いくらになる**」**のか、という想像してみることも、仕事として合理性を養うトレーニングになります。**

仕事に限ってですが、効率を考える際、「お金に換算する」発想があるかどうかは、意外と大事です。100万円の成果が期待できるなら、数日または数週間かけてやる価値があるかもしれません。しかし、1万円の成果しか期待できないなら、そこまで時間をかけるのは見合わないでしょう。

「お金で差別しましょう」「手を抜きましょう」という話ではなく、「**価値に見合った労力のかけ方をしましょう**」ということです。

大量の企画書、繰り返す会議、決定事項をメールで再告知……投資対効果で考えると、本当に必要かどうかが見えてきます。

価値に合った労力をかけていますか？

NG
「完璧さ」にこだわる

完璧でないと不安になり、ついいろいろとやってしまい、作業を増やしてしまう……これでは、段取り良く仕事をこなせません。

OK
「投資対効果」にこだわる

「何を得るために、ここまで頑張っているのだろうか」と必ず確認するようにしましょう。見合わないなら、時間のかけ方を調整するようにします。

8

「段取りの悪い人」に振り回されない

自分の仕事の足を引っ張る「段取りの悪い人」はあなたの周りにいませんか？　段取りの良い人は、そういう人に対してグチを言うこともなく、サクッと「相手の癖に合わせた対処」をすればよいと考えます。

「相手の癖」を知れば、ほとんどのことは先手を打てば解決できます。あなたは、「相手の癖」の見抜き方を知っていますか？

相手の「癖」を知るポイント

「急いでいるので、今すぐにやって欲しい」

「1つの案だと不安なので、いくつか案を出して欲しい」

このような突発の要求をする「困った人」はいませんか？　これらが重なると、その相手に振り回されてしまいます。

振り回されないための対応策として、**相手の「ソーシャルスタイル別」の対処法を覚えるといいでしょう。**ソーシャルスタイルとは、コミュニケーションの取り方のことです。1968年にアメリカの産業心理学者、デビッド・メリル氏が提唱した、今や世界に広まるコミュニケーション理論です。

このスタイルを知り、対処法をマスターすれば、どんなタイプの人とでもスムーズにやり取りができるようになります。

各タイプの「段取りの悪い人」への対処法

ソーシャルスタイルには4つのタイプがあります。それが131ページの図です。あなたが苦手な「困った人」はどのタイプでしょうか？

各タイプの特性と、タイプ別の「困った人」への対処法を解説しましょう。

①ドライバーの「段取りの悪い人」への対応

- 感情（表情）は出ない。早口で淡々と自分の意見を言う人
- せっかちで負けず嫌い。目的のためには、厳しい判断も辞さない

【ケース】こちらの状況はお構いなく、急ぎで対応しないと、イライラされる

【対処法】**ひるまずに、最初に納期交渉しておく**

「すぐにやりますが、どうしても、緊急の案件で手が離せず、あさっての10時まででもよろしいでしょうか?」など。

②エクスプレシッブの「段取りの悪い人」への対応

- 感情(表情)が出る。明るい雰囲気で自分の思いを楽しそうに言う人
- ノリを重視。注目されたい。新しいこと、話題性のあることが好き

【ケース】無計画にその場の思いつきで決めるため、意味のないタスクの場合がある

【対処法】**ブレーキをかける**

「面白そうですね。ただ、残業禁止の社内方針を考えると、やることを精査しておきませんか?」など。

③エミアブルの「段取りの悪い人」への対応

- 感情(表情)は出る。話すより聴く。明るい雰囲気で人の話を聴く人

ソーシャルスタイルを知れば、相手に振り回されなくなる

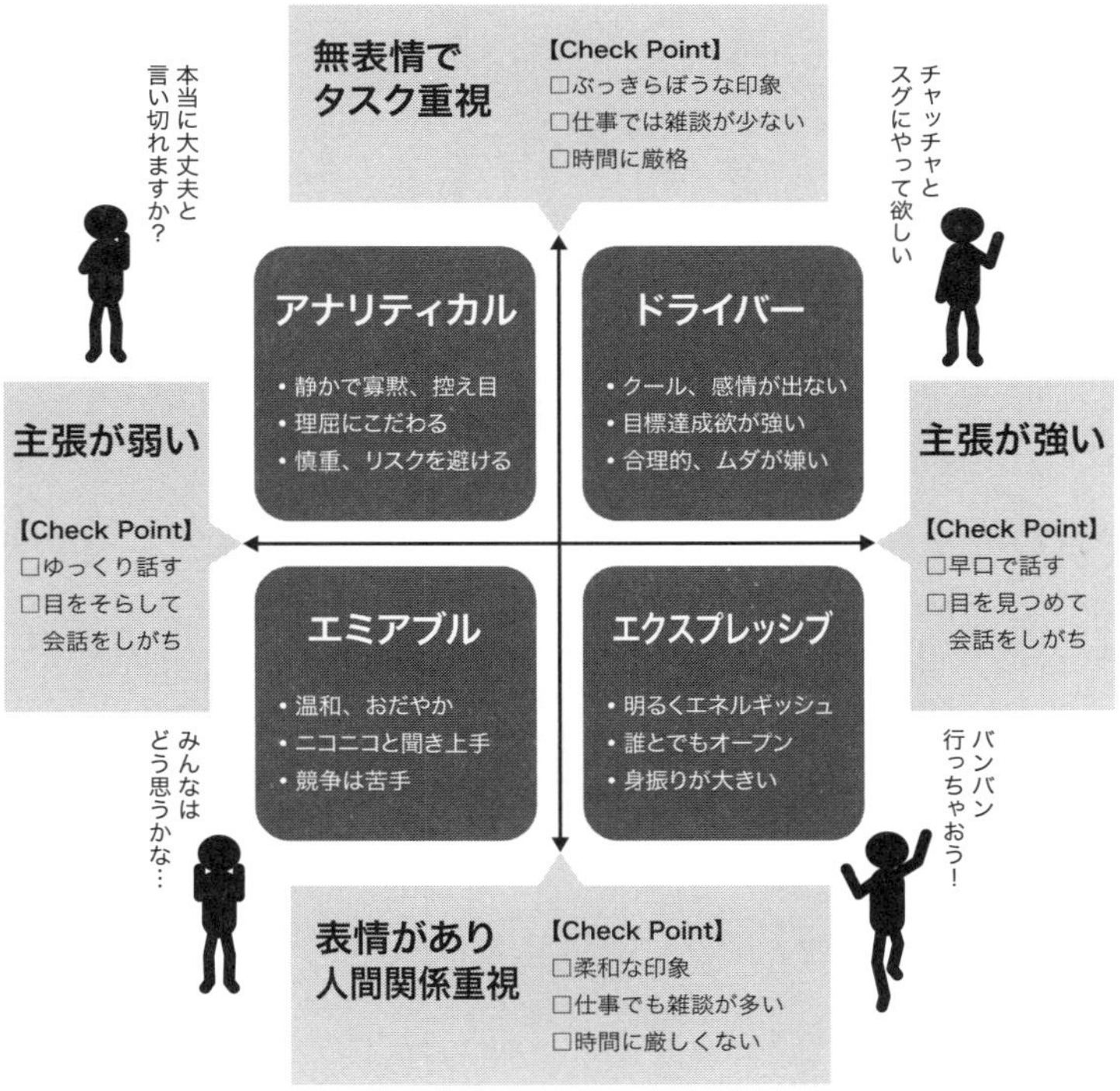

・人の気持ちや全体の調和を重視。平和志向

【ケース】自分で決めず、人の意見を聞きすぎるので、ムダにやることが増える

【対処法】**課題（やるべきこと）を絞る**

「アレもコレもやるのは得策ではないように感じます。目的を考え、取り組むべき課題を絞るのはいかがでしょうか？」など。

④アナリティカルの「段取りの悪い人」への対応

・感情（表情）は出ない。話すより聴くことが多い人

・データや情報を分析し、独自の見解を持つことが好き

【ケース】必要以上に調べごとや検討事項が増え、仕事のための仕事が増える

【対処法】**そもそもの意思を迫る**

「どこまで行っても100%にはならないと考えます。前提として、この案件をどうすべきと考えていらっしゃいますか？」など。

相手の「癖」を知れば、なぜ振り回されるのかがわかり、対策も見えます。ぜひ、ソーシャルスタイルで対策を考えてみてはいかがでしょうか。

「困った人」に振り回されないためには？

NG

相性を「合う」「合わない」で考える

「困った人」だからどうしようもないと、感情的に接してしまい、グチを言いながら仕事をしても、問題は解決しません。

OK

相性を「どのように合わせるか」で考える

相手の癖の傾向を読むことで、予防策が打てます。ソーシャルスタイルで観察すると、相手の傾向をある程度読めるようになります。

✓ Check

「急ぎの仕事を増やさない」ためのセルフチェック

□ 必要以上に急ぐことほどムダなことはない。ムダな特急仕事を増やさないため、納期交渉をしているだろうか？

□ やり直しは、結局のところ急ぎの仕事になる。やり直しを防ぐべく、「念入り」に事前確認をしているだろうか？

□ 手分けをすれば、結果的にチームが効率的になる。仕事を抱え込まないよう、「手分け」をするようにしているだろうか？

□ 目的を忘れて「やり方」にこだわっていないだろうか？

□ 資料作成は労力に見合わないことも多い。ムダな資料作成の手間を省き、「口頭での説明」で済ませる努力をしているだろうか？

□ 「段取りの悪い人」の言いなりになってしまい、振り回されていないだろうか？

第4章

資料・メール作成の時間を圧縮させる

1 「文章を登録」すれば驚愕のスピードに

メールや報告書作成の作業も、段取り良くこなしたいものです。その一歩として、パソコンの「単語登録」の機能に、「単語」ではなく「文章」を登録してみてください。これだけで、日本一のタイピングスピード（優勝者）を超える速さで「いつもの文章」を作成できます。やらない手はありません。

■「単語」ではなく「文章」を登録してしまう

パソコンの単語登録をご存知でしょうか？　よく使う単語を登録しておける機能です。たとえば、「いば→伊庭」と登録しておけば、「いば」と入力するだけで「伊庭」が変換候補に表示されるというもの。この単語登録の機能をフルに活用すると、想定を超える効率を得られます。

まずは、単語登録に「単語」ではなく、よく使う「文章」を10個以上、登録してみ

てください。「お世話になっております。」を「おせ」、「引き続き、よろしくお願い申し上げます。」を「ひき」などと登録しておくのです。

これだけでブラインドタッチの日本最速レベル（1秒に14打）に匹敵する入力スピードを手に入れられます。次の文章をご覧ください。入力に何秒かかったと思いますか？

お世話になっております。らしさラボ伊庭でございます。
いつも、ありがとうございます。心より感謝を申し上げます。
お忙しいところ、誠に恐縮でございます。
ご不明な点、改修すべき点がございましたら、おっしゃってくださいませ。
引き続き、よろしくお願い申し上げます。（126文字）

これ、今、リアルに入力しました。かかったのは、10秒です。1秒換算で12・6打。この126文字を入力するために、私が入力したのは、「おせ」「いつ」「おい」「ごふ」「ひき」のたった10文字です。あなたもすぐにできます。練習は不要。世界最速（1秒に19打）だって可能です。やらない手はありません。

単語の文章登録の例

読み	語句
かし	かしこまりました。
きょ	恐縮でございます。
くら	クライアント
こち	こちらこそ、よろしくお願いします。
こと	今年もよろしくお願いします。
ごけ	ご検討のほど、よろしくお願い申し上げます。
ごさ	ご査収のほど、よろしくお願い申し上げます。
ごし	ご指導のほど、よろしくお願いします。
ごし	ご指定の場所に伺います。
ごつ	ご都合はいかがでございましょうか？
ごて	ご手配、誠にありがとうございます。
ごふ	ご不明な点、改修すべき点がございましたら、おっしゃってくださいませ。
さら	更に精進する所存です。
すず	涼しくなりましたね！
ぜん	全力で参る所存でございます。
ひき	引き続き、よろしくお願い申し上げます。
よろ	よろしくお願い申し上げます。

■文章作成しながら登録させてしまう

なお、単語登録は、メールを送る際などに、どんどんやってしまいましょう。ウィンドウズ10の場合なら、右下の「あ」などと書いてある文字部分を右クリックすることで「単語の登録」の機能を呼び出せます。

これなら手間をかけることなく、瞬時に登録できるので、とても便利です。

文章作成のスピードを上げるには？

NG 入力を「速くしよう」とする

タイピングを速くしようとしても、むしろ、ミスが増える危険性があります。タイピングは速いに越したことはないのですが、どんなに頑張っても限界があります。

OK 入力を「なくそう」とする

タイピングの速さは、「仕事における価値」の本質ではありません。単語登録など、使える機能は徹底的に活用して、タイピングの手間をできるだけ「なくす」ことを考えましょう。

2 メールは書かずに一瞬で「呼び出す」

メールの対応で残業してしまうのは避けたいところ。でも、無視をするわけにも、待たせるわけにもいきません。

なので、超速の人は、文章をワンクリックで呼び出せるようにしています。あなたは、メーラーの「文章登録」の機能を活用していますか？

■「よく使う文章」は、すぐ出せるようにしておく

打ち合わせのお礼、仕事の進捗の確認など、よく使うメールの文章は、テンプレートとして文章登録しておきましょう。**できれば10個以上。たったそれだけで、メールの手間が大きく減ります。**

これ、大げさではないのです。次ページのメール文章をご覧ください。

この文章を呼び出すために私がかけた時間は、カーソルを動かしたほんの一瞬です。

この文章も一瞬で呼び出したもの

お時間を頂戴し、心より感謝を申し上げます

様

お世話になっております。らしさラボの伊庭でございます。
お忙しい中、貴重なお時間を賜りまして、
誠にありがとうございました！
心より、感謝を申し上げます！

お話を伺い、
仕事の本質は、「顧客満足の創造と型化」にあると
強く気付かせていただいた次第でございます。

私で少しでもお役に立てることがございましたら
同僚のごとく、お気軽にご相談、御指示下されば
幸いでございます。

※最近は、こんな研修をさせていただいております。
http://www.rasisalab.com/topics

本当に、ありがとうございました！
引き続き、宜しくお願い申し上げます。

※お忙しいと存じますゆえ、
ご返信は御不要でございます！

文字は1文字も入力していません。だから0秒。入力しないので、誤字も打ち直しもありません。

あとは、この文章をもとに、細部を微修正するだけでメールが作成できます。

Gメールでは、「返信定型文」の機能を使うことで、アウトルックの場合は、「クイックパーツ」の機能を使うことで、簡単に登録できます。

このように、メールを送る際に定型文として保存しておけば、次からは一覧から一瞬で呼び出すことができます。

使い回せる「文書作成」のコツ

ちょっとずるいのですが、定型文を登録する際の使い勝手を良くする秘訣を紹介しましょう。

あらかじめ、抽象度の高い（具体的ではない）文章にして、定型文として登録しておくのです。その上で、定型文に具体的な言葉を付け足して、送る相手別にカスタマイズします。

「文章は、相手に合わせてイチから書くもの」と思っている方もいるかもしれません。

抽象的なメール文章を上手に使い回す

※141ページの文章をもとにした例

様

お世話になっております。らしさラボ
お忙しい中、貴重なお時間を賜りまし
誠にありがとうございました！
心より、感謝を申し上げます！

お話を伺い、
仕事の本質は、「顧客満足の創造と型化」にあると
強く気付かせていただいた次第でございます。

※特に、大阪の成功劇は、まさに感動でございます

私で少しでもお役に立てることがございましたら
気軽にご相談、御指示下されば

抽象度の高い言葉にすると使いやすい

補足にて、具体的な言葉を添えるとより想いを伝えられる

お話を伺い、
仕事の本質は、「一人ひとりがビジョンを体現する」ことにあると
強く気付かせていただいた次第でございます。

お話を伺い、
仕事の本質は、「あくなき進化」にあると
強く気付かせていただいた次第でございます。

お話を伺い、
仕事の本質は、「当たり前の中に宿る」と
強く気付かせていただいた次第でございます。

この一文だけを変えることもできる

私自身も最初は、このやり方に抵抗がありましたが、速く返信することで相手に誠意を示すことができます。

きちんとカスタマイズできるのであれば、この方法で問題ないと思うようになりました。これも「時間にケチ」になるための判断です。

効率を追求しても「温もり」を忘れない

メールは簡潔なほうがいいと言われますが、相手への気遣いや気持ちが伝わる「温もり」も不可欠です。なので、登録する文章の中にそのような「温もり」のある言葉を入れておくとセンスがアップします。

「お心遣いをたまわり、ありがとうございます」「寒暖の差が激しい今、くれぐれもご自愛ください」などの一文を入れておくと、温もりのある人だと思われます。

ぜひ、登録する文章にあなたらしい「温もりワード」を入れてみてください。

メールの定型文を登録していますか?

NG

メールは「書く」ものと考える

文章登録機能を活用せず、すべてのメールを最初から作成。これでは時間がかかって当たり前です。注文があるたびにソバをソバ粉から打っているようなものです。

OK

メールは「呼び出す」ものと考える

メールの手間は、かければそれだけいいものになるわけではありません。文章のテンプレートをあらかじめ登録しておいて、それをカスタマイズする方法でも問題ありません。

3 資料の作成は5分で済ませる

報告書や企画書等を書く作業の負担はバカになりません。段取り良くこなしたいのであれば、イチから作成せずに「差し替え」で対応できるよう、マスターを用意しておきましょう。

全国のお土産菓子も「差し替え」で対応

まず、「ワンソース・マルチユース」がビジネスで普通に活用されている事実から紹介しましょう。**ワンソース・マルチユースとは、「1つの素材（ソース）を、多重利用する」という手法**を指します。

具体例を挙げてみましょう。全国のご当地のお土産が、「同じ工場」「同じ材料」で作られていることをご存知でしょうか？ 香川県のツジセイ製菓という会社は全国50カ所のお土産菓子を製造していることは、知る人ぞ知る有名な事例。しかし、実はクッキーの部分など、ベースとなる「素材」は一緒。つまり「ワンソース」。それをもとに、プリントの絵柄やペーストシートに違いを出すことによって各地のお土産となるよう、作り分けているのです。イチゴは京都府、マンゴーは宮崎県など、特産物のシートによってご当地感を出しています。まさに「差し替え」です。

これは決して「ズル」ではありません。自動車のシャーシーを複数のブランドで同じものを使用していたり、音楽データをカラオケや着メロに多重利用したり、あらゆるビジネスシーンで活用されている方法です。

資料作成もワンソース・マルチユースが基本

この**ワンソース・マルチユースの手法を資料作成にも取り入れるのです。**

まず、企画書や報告書のマスターとなる文章を作成します。それ以降は、「一部差し替え」を前提にこれらの文章を作成します。それだけで、スマートな報告書を短時間で作成できるようになります。次ページの図表のような感じです。

資料に求めるのは、工程の手間ではなく、わかりやすさ。たとえ流用したものであろうが、わかりやすい文書であれば、まったく問題にならないでしょう。段取りも飛躍的に良くなりますし、いいことしかありません。

マスターを作れば、スマートな報告書を3分で書ける

＊＊＊＊＊＊の箇所を差し替えるだけ

研修受講報告書

＊＊
研修名：提案力向上研修　　　講師：＊＊＊＊＊＊＊＊
実施日：20＊＊年　＊月＊日　　場所：本社会議室
＊＊

この度、研修の機会をいただきまして、誠にありがとうございました。
とりわけ＊＊＊＊＊＊＊についての気付きは大きな成果です。
今回は、実践につながる学びも多く、本日から、＊＊＊＊＊＊＊＊＊
を実践していきたいと考えております。
早速、研修のご報告を失礼させていただきます。

□プログラム内容

《目的》＊＊＊＊＊＊＊＊＊＊＊＊＊＊＊＊＊＊＊
《内容》＊＊＊＊＊＊＊＊＊＊＊＊＊＊＊＊＊＊＊＊＊＊＊＊＊＊＊を習得する。

□新たな気付き
あえて絞るなら、以下の2点について、大きな気付きを得ました。

1　＊＊＊＊＊＊＊＊＊＊＊＊＊＊＊＊＊＊＊＊＊＊＊＊。
2　＊＊＊＊＊＊＊＊＊＊＊＊＊＊＊＊＊＊＊＊＊＊＊＊。

□実践すること
その中から、やることを絞り、以下を確実に実践する所存です。

1　＊＊＊＊＊＊＊＊＊＊＊＊＊＊＊＊＊＊＊＊＊＊＊＊。
2　＊＊＊＊＊＊＊＊＊＊＊＊＊＊＊＊＊＊＊＊＊＊＊＊。

【まとめ】

この度は、素敵な機会を賜り、ありがとうございました。

せっかくいただいた学びの機会を財産にすべく、確実に実践につなげて参りたいと考えております。引き続き、よろしくお願い申し上げます。

ワンソース・マルチユースの活用を！

NG

報告書や資料を毎回イチから作成している

面倒だと思いながら、新規で資料を作成。ときには、資料を作成するだけで半日以上かかっているケースもあるかもしれません。しかし、誰もそこに時間をかけることは求めていません。

OK

報告書や資料の作成は「差し替え」で済ませる

報告書や資料の価値は手間ではなく、「わかりやすさ」です。マスターを作って一部差し替えで済むのであれば、それに越したことはありません。

4 社内の連絡メールは本文を省く

「T／O」メールをご存知でしょうか。タイトルオンリー（T／O）で済ませるメールのこと。今ではグローバルスタンダードの手法として広まっています。短い要件のメールでしたら、段取り良く済ませるために件名のみで送ってしまいませんか？

件名だけでメールを済ませてしまう

社内でやり取りするメールなら、「件名だけ」で済ませるのが賢い選択です。

私も会社員だった頃に部署でやっていたのですが、

- 作成するほうもラク（入力を圧倒的に削減できる）
- 受け取るほうもラク（受信トレイだけで内容がわかるので、開封の手間が不要）

となり、効果は絶大です。

非常識に思われるかもしれませんが、これほどオススメの方法はありません。

「件名のみメール」で
送り手も、読み手も効率ＵＰ

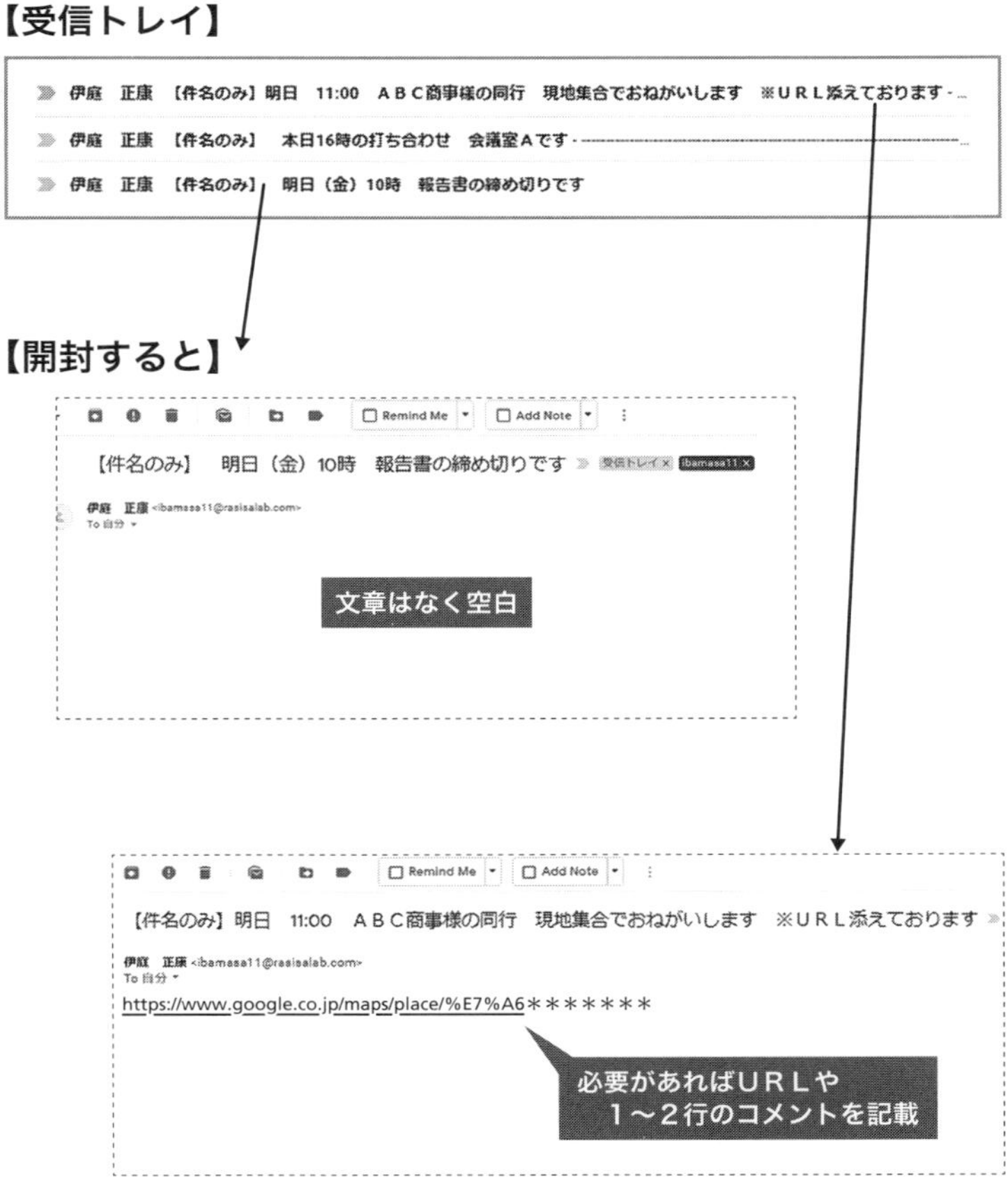

前ページの図をご覧ください。こんな感じで送り、受信トレイを見るだけで内容がわかるようにします。

職場全体でやると効果が大きい

T／Oメールは、一人だけではなく、ぜひ職場全体でやってみることをお勧めします。職場全体でやると、メールでのやり取りの時間が大幅に減り、仕事の段取りも向上します。

T／Oメール送る手間は、せいぜい1通30秒程度。受信チェックも1通10秒程度で済みます。これらを皆が実践すれば、それだけで職場全体では大幅な時間の削減になります。

最初は慣れるまで少し時間がかかるかもしれませんが、そんなのは一時です。ぜひ、あなたの職場でもやってみてください。非常識……と最初は思われるかもしれませんが、職場の新しいルールを作り出すのは面白いものですよ。

社内メールに余計な手間をかけていませんか？

NG

社内の連絡メールを件名から内容まで丁寧に書く

社内の連絡メールを、対外的なメールのように丁寧に作成するのは時間のムダです。連絡メールの処理に貴重な時間を費やすのはやめましょう。

OK

社内の連絡メールは短いものは件名だけで済ませる

社内の連絡メールには余計な時間をかけないのが鉄則です。件名だけで要件が済むのであれば、送信の手間、開封の手間ともに大きく減らせ、仕事の段取りも良くなります。

5

文章は1行目から書かない

文章を新しく書く必要があるとき、何から書いてよいのかわからないことがないですか？　1行目から書こうとすると、時間がかかるばかりか、読み返すと内容が重複していたり、つじつまが合わないなど、やり直しが必要になることが多いものです。

文章作成を段取り良く行いたいのであれば、**「ピラミッドストラクチャー」**で書くことをお勧めします。考える時間、やり直しの手間が大きく省けますよ。

ビジネスの文章には「型」がある

文章を作成する際、どこから書けば良いのか迷うことはありませんか？　あなたが文章作成を効率的に済ませたいなら、1行目から書くことはやめるべきでしょう。

ビジネス文書は思ったことを「書く」のではなく、型に沿って「埋める」のが正解。

ほとんどのビジネスの文章は「型」が決まっているからです。

具体的には、すべてピラミッドストラクチャーの構成で統一し、その構成に従って、言いたいことを「埋めて」いきます。

「ピラミッドストラクチャー」とは？

まず、ビジネスで求められる文章の構造（型）を覚えておくといいでしょう。これをピラミッドストラクチャーといいます。要素は次の3つです。

- **キーメッセージ**：主張（あなたが言いたいこと）
- **サブメッセージ**：根拠（あなたが考える根拠でＯＫ）
- **補足**：メッセージを補足する事実

1行目を書く前に、まずはこの**3要素を考えることがスタート**です。

次にやるべきは「キーメッセージ」と「サブメッセージ」をピラミッドストラクチャーに埋めていくことです。そしてその後に、それぞれのメッセージの「補足」を簡単な文章で埋めていきます。こうすることで、158ページの文章のようにシンプルで筋の通った文章になります。

ピラミッドストラクチャー

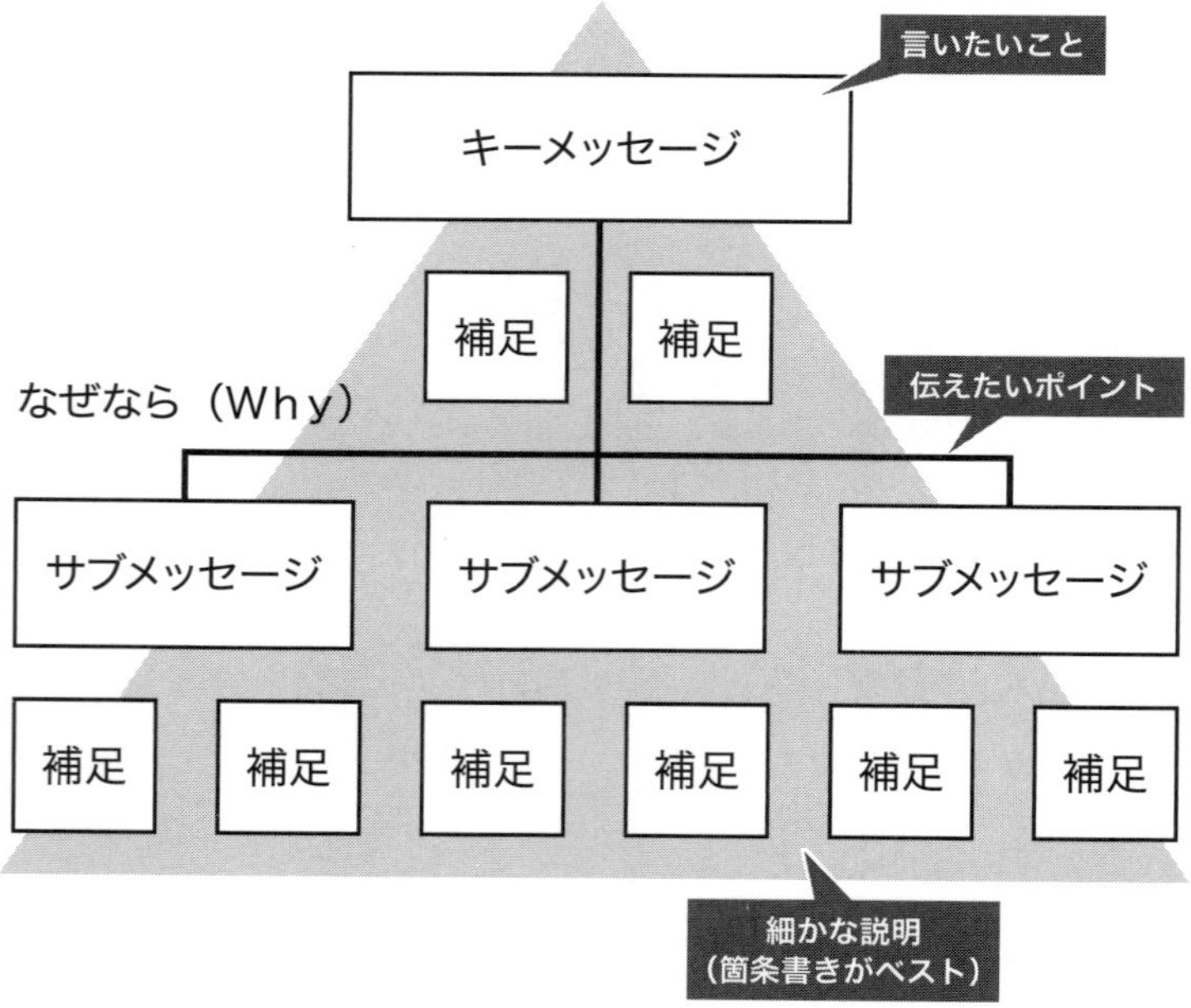

1つ作っておけばそれがマスターになる

1回、ピラミッドストラクチャーで文章を書いておくと、それがマスターになり、次からはラクに文章を作成できるようになります。

146ページで、「資料の作成はマスターを用意し、それ以降は「一部差し替え」で済ませるべき」と申しましたが、ピラミッドストラクチャーは、この考え方のもとになるものです。

最初は、マスターを作っても変更すべき箇所が多いと思いますが、次第に使いやすいものにブラッシュアップされていきます。

繰り返すうちに「用途別」に使い分けられるマスターができますし、「表現の抽象度」を高めることで、さまざまなシーンに対応できるようになります。

ぜひ、あなたなりのピラミッドストラクチャーのパターンを考えてみてください。

それだけで段取り良く仕事ができるようになるばかりか、あなたの評価もぐんぐん上がるはずです。

ピラミッドストラクチャーによる文章作成例

残業をなくすためには、３つの要因を
解消する必要がある

キーメッセージ

補足

現場の300名に対する取材を通して、残業がなくならない理由は、以下の３つに集約できることがわかりました。

1 一人当たりの生産量が、昨年比で1.2倍増えている

- 営業部門の受注件数は一人当たり○%増えており、製造部門も生産個数が一人当たり○%増えている。

2 工程が、複雑化している（平均５工程が７工程に）

- 品質管理体制の変更によって、○○と○○の検査を行うようになったため、工程が増えている。

サブメッセージ

補足

3 評価と連動していない

- 生産性を高めても、人事考課には反映されていない現状がある。
- むしろ、残業をした場合は、残業代として労われる。

以上を踏まえてこれらの３つの要因に対し、対策を講じることが、残業をなくすための鍵だと考えます。

締めのフレーズ

文章の「型」を用意していますか？

NG

文章を「最初から」書こうとする

全体の構成を考える前に書き始めようとすると、手間もかかりますし、後の修正も多くなります。段取りの良いやり方とはいえません。

OK

文章の「型」を決めておいて それを埋めていく

ビジネス文章のほとんどはピラミッドストラクチャーで対応できます。先にメッセージを考えておけば、後は、埋めていくだけなので、速く、かつシンプルに文章を作成できます。

6

「音声」で文字を入力する

あなたは、スマホに搭載されている音声入力機能を使っていますか？　技術が進化した今、話したことの誤変換も少なくなり、スムーズに音声入力できるようになりました。ちょっとしたメールの返信なら、音声入力で十分対応可能です。信号やエレベーター待ちなどの際でも、一瞬で文章を作成できるのですから、段取り良く仕事を進めるためにも、やらない手はありません。

世界観が変わる音声入力機能

私は、研修などではいつでも「音声入力機能を活用しましょう」と紹介しています。「一人でつぶやくなんて恥ずかしい……」と言っていられないほどに、便利なのです。驚きの効果です。

1～2分のスキマ時間をメール返信にあてれば、残務が一気になくなります。

音声入力で、スキマ時間を徹底活用！

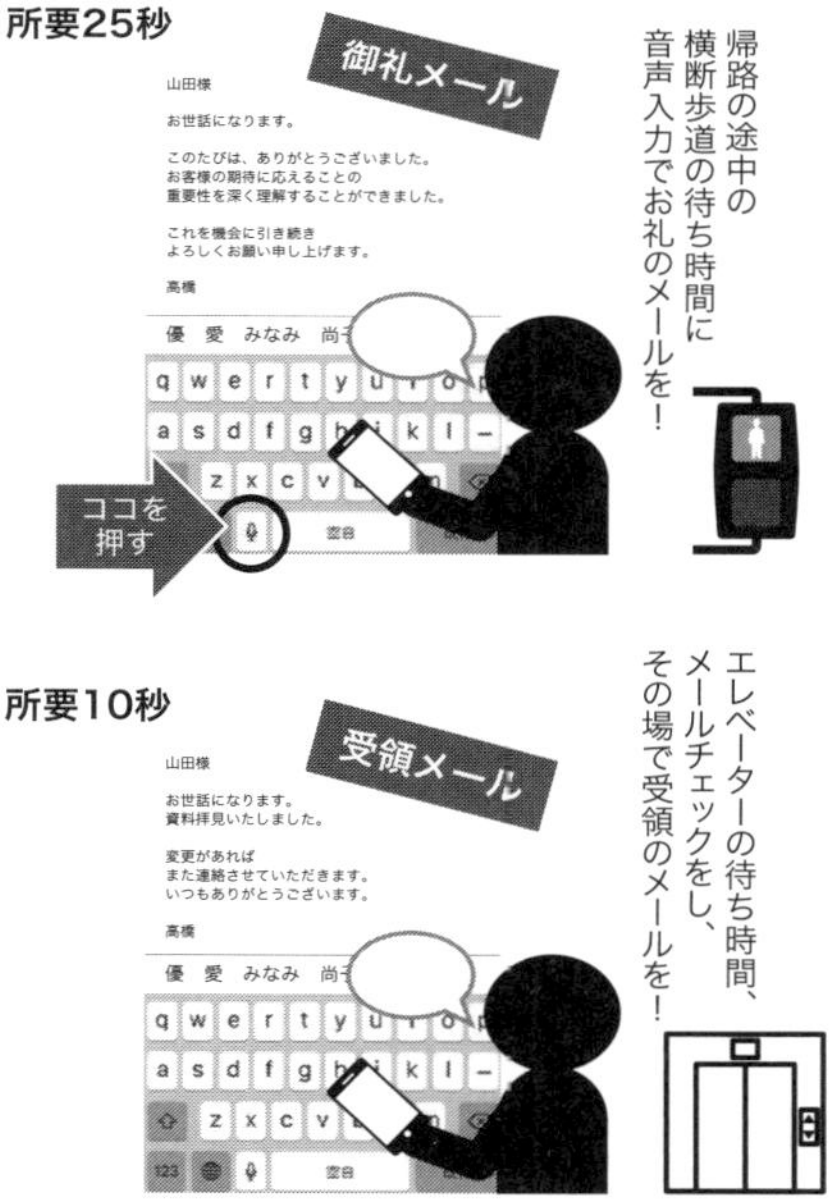

交差点での待機時間、ホームで電車を待つとき、エレベーターに並んでいるとき、ランチで料理が運ばれるまでの時間（このときは外に出ます）……。

つまり、パソコンを立ち上げられないときや、歩いているときでも、音声入力を使うことで、スキマ時間として有効活用できるようになるのです。簡単な内容なら、10〜25秒あれば、メールの作成ができてしまいます。

■覚えておきたいフレーズ

覚えておくと便利な「音声入力フレーズ」は次のようなものです。これらを呟くと文字になって現れます。

●「　」……かぎかっこ、かぎかっことじる
●（　）……かっこ、かっことじる
●。、・……まる、てん、なかぐろ
●改行する際……かいぎょう
●10：00－11：00
　……じゅう、ころん、ぜろぜろ、ハイフン、じゅういち、ころん、ぜろぜろ
●※……こめじるし

まずは一度、試してみてください。やみつきになること、間違いなしです！

メールは音声入力で段取り良く済ませる

OK

メールの作成はスマホの音声入力も活用

メールは、可能な限りスキマ時間に処理しておきましょう。スマホの音声入力機能は、その心強い味方になります。

NG

メールの作成はパソコンで打つだけ

メールをパソコンでチェックして作成するのがいつものスタイルになっていると、そのためだけにパソコン操作の時間を割かなくてはなりません。

7 メールの「やり取り」の回数を増やさない

ラチのあかない何往復ものメールのやり取りは、極力避けたいもの。たび重なる追加の修正、念のための同じ内容の確認……段取りが悪いと、このようなやり取りを何往復もしなければならなくなり、大きなムダになってしまいます。

マジックワードは「任せる」

どんな仕事であっても、段取り良くこなすためにはシンプルに対応すべきです。世の中には、仕事を「複雑にする人」と「シンプルにする人」がいますが、比べてみるとわかることがあります。

シンプルにしている人は、「**お任せします**」「**お任せいただいてもよろしいですか？**」**の2つのフレーズを自然に言えているのです。**

複雑にする人とシンプルにする人の違いは、特にメールのやり取りの回数に表れます。

複雑にする人は、

- もらったメールの内容をわざわざ確認するために少しだけ内容を変えて返信する（プラス１往復）
- 追加の確認事項のメールをする（さらに１往復）
- 細かな追加・修正事項を五月雨式に送ってくる（これだけで数往復）

などと、際限なくメールをしてくることがあります。

一方で、シンプルに段取り良く対応する人は、メールの内容を「この条件でかしこまりました。後は、お任せをいただく流れでいかがでしょうか？」などと返信し、**責任を一手に引き受けてしまうのです。**

もちろん、その人が責任を持ってきちんと仕事を進めることが大前提ですが、相手からこのような信頼感を得ることができると、仕事が加速度的に進むことが理解できるでしょう。「お任せします」「任せてもらっていいですか？」と言えるようになると、仕事は減るのです。

■「そうじゃなかった」を予防する

ただし、仕事を任せてもらったとしても、事前に確認するべきことはしっかりと確認しておきましょう。後で「そうじゃなかった」と思われないようにするには、109ページでも紹介した次の3点が重要です。

・Ｍｕｓｔ（絶対に必要なこと）
・Ｗａｎｔ（あれば嬉しいこと）
・ＮＧ（これだけは避けたいこと）

メールでのやり取りを何回もしそうな相手であれば、この点を押さえて、あとは「お任せください」と言ってみてください。やり取りが激減します。

メールの回数で段取りの良さがわかる！

NG
たび重なるメールで自分も相手も振り回される

メールで修正・変更などについて何度もやり取りするのは、それだけで時間もかかりますし、大きな手間となります。

OK
メールでのやり取りの回数を極力少なくさせる

優柔不断な相手とのメールのやり取りには、「あとはお任せください」と責任を引き受けてしまいます。自らがメールを送る際は、先々まで見越して、少ない回数のメールで済ませるようにします。

8 夜に仕事のメールを送らない

夜や休日にメールを送るのは、大げさではなく、今の時代、パワハラ認定されかねない行為です。実際、これがプレッシャーとなりメンタルダウンする部下、後輩も少なくありません。**どうしても通常の勤務時間以外にメールを送りたいなら、朝に送信されるよう、タイマー設定をするなどの配慮が不可欠です。**気配りがないと、仕事の段取りも良くなりません。

夜や休日のメールはレッドカード！

今は、外出先や自宅などからでも、仕事のメールをすぐにチェックすることができます。だからこそ、夜や休日にメールを送るのは避けねばなりません。

人によっては、思った以上のプレッシャーになりますし、それどころか、実例としてハラスメントと認定されるケースがあることを認識しておく必要があります。

なぜNGなのか、その前提を次の2つから明確にしておきましょう。

●法的な観点

時間外にメールで業務連絡をし、確認を求めることは労働基準法違反になりかねません。「休日出勤」「時間外労働」とみなされる可能性もあります。

●心身の観点

ドイツの研究所の調査によると、勤務時間以外にもメールをする人は不眠、頭痛、疲労、不安神経症、胃の疾患に見舞われやすいことが判明しました（公衆衛生学者のアンナ・アーリンホース博士）。

このように、勤務時間外にメールのやり取りをするのは、いいことがまったくないのです。ダイムラーは従業員1万人のパソコンに、休日に送信されたメールを削除するソフトウェアをインストール。フォルクスワーゲンは休日中のサーバー使用を停止してメール送信をできないようにしています。

もし、職場で時間外にメールを送っている人がいるなら、すぐにやめさせるべきです。メールがすべてではないですが、一事が万事。効率を追求するほどに、自分都合になってしまいがちなものです。**相手への配慮を大事にしないと、大事なものを見失ってしまいかねません。**このことを肝に銘じておきましょう。

配慮できる人はタイマー機能を使っている

とはいえ、実務を考えると、定時を過ぎてメールを送らざるを得ないときもあるでしょう。今日の仕事は今日中に、サクッと手離れをさせたいところ。そんなときはメーラーの「タイマー設定機能」を活用してみてください。

アウトルックでは、「配信オプション」から日時指定ができます。Gメールの場合は少し面倒になりますが、「Right Inbox」という拡張機能（アドオン）をインストールすることで可能となります。月に10通までなら無償で使えます。

メールの送信時間に気をつけていますか？

NG

つい、時間外でもメールを送ってしまう

今、メールをすぐに送ってしまいたいと、時間外にメールを送信してしまう人もいます。しかし、このメールが相手を疲弊させている可能性もあるので注意しましょう。

OK

すぐにメールを送りたいときはタイマー設定機能を利用する

できればメールはすぐに手離れさせたい……。そんな場合はタイマー設定機能を利用して、相手への配慮を忘れないようにしましょう。

9 メールの「返信」を90分以上ためない

メールのレスが遅い人は「自分都合で動いている人」という誤解を与えます。その状態で定時に帰るとなると、さらに評判を落としかねません。

返信のルールは24時間以内ですが、できるだけ早く済ませてしまいましょう。できれば90分以内を目安に。**すぐに回答できない場合は、「受領メール」だけでも送っておきます。**

仕事の早い人が、受領メールを送る理由

忙しくて、メールの返信ができずに3日も経ってしまった……ということはないですか?

確かに、すぐに回答できない内容のメールもあるでしょうし、分厚い添付資料がある場合は、まとまって読む時間が必要な場合もあります。

だからこそ、むしろ**先に、次に挙げたような受領確認のメールをさっさと返信してしまうのが鉄則**なのです。

> 一度、可能かどうか社内で検討させてください。
> 10日（金曜）AM10時までにはお返事いたします。
> 取り急ぎ、受領とお礼のメールをと思い、ご連絡いたしました。
> 引き続き、どうぞよろしくお願いいたします。

すぐに返事ができないときは、先に「○日までにはお返事いたします」と、回答の期日を伝えておきます。

その上で、社内での確認や、資料に目を通す作業をすればいいのです。

返事が速いほうがいい理由

なぜ、ここまですぐに返すことにこだわるべきなのでしょうか？「どのくらいで返信が来ないと遅いと感じるか」を調べたデータ（ビジネスメール実態調査2017）によると、7割以上が「1日（24時間）以内」に返信が来ないと遅いと感じているからです。

メールの返信が遅いだけで、誤解されてしまうことが、なんと多いことか。

メールの返信が遅いと、「ルーズな人だな」「横柄《おうへい》な人だな」「見下されているのかな」もしくは「段取りの悪い人かも」「鈍くさい人なのでは」……などと相手から思われかねません。

先ほど、90分以内に返信することがベストだと申しました。理由は「手離れ」させるためです。数時間、メールの返信をためてしまうと残業になってしまいかねません。

もらったメールは、さっさと返してしまいましょう。すぐには答えられないときほど、すぐに返す。分厚い添付資料は、読む前に返す。これが、段取りよく仕事をこなす人のルールです。

「受領メール」を送って相手を安心させてますか?

NG

忙しいから、返信を先延ばしにする

このようなメールの対応をする人は、相手の「待たされるストレス」を想像できていないのです。生意気だと思われても仕方がありません。

OK

忙しいからこそ、待たせない

どんなに忙しくても、とりあえず受領したというメールを先に返しておけば、相手も安心します。こちらも、資料を読む時間などを十分に取ることができます。

✓ Check

「資料・メール作成」に時間をかけないためのセルフチェック

- □ 報告書の作成に時間をかけないために、「登録した文章」だけで、作成できる設定にしているだろうか？
- □ 社内メールなら、「件名のみ」で済ませても問題ないが、やっているだろうか？
- □ スキマ時間を活用すべく、「音声入力」の機能を駆使しているだろうか？
- □ すぐに返信できないときこそ、先に受領のメールを送っているだろうか？
- □ 「メールの返事は24時間以内」（ベストは90分以内）を心がけているだろうか？

第5章

打ち合わせ・会議を半分の時間で済ませるポイント

1 「絶対に決める！」と会議に臨む

打ち合わせを段取り良く進めたいのであれば、必ず時間内で目的を達成すると決めてから臨みましょう。「**ゴール**」**を決めてから、本題に入る**のです。なんとなく時間が延長してしまう打ち合わせはなくしましょう。

打ち合わせは「真剣勝負」の場

気がつけば、ついつい会議や打ち合わせでダラダラと話し込んでしまい、次の仕事に支障を来してしまった……ということはないでしょうか？

でも、時間をオーバーしても平気な人というのは、大体、決まっていたりもします。これ、思っている以上に周囲は迷惑です。

アートディレクター佐藤可士和氏は、「打ち合わせは真剣勝負の場であり、試合の場」であるので、「最初から、『今日の打ち合わせで決めるぞ』と覚悟して、臨んでいる」

と言います（『佐藤可士和の打ち合わせ』ダイヤモンド社）。

そのような真剣に臨もうとする相手に、「ダラダラと話し込んで……」などということが許されないのは明らかでしょう。

もし、そうなりがちならこうしてみてください。**２人以上で話すときは、必ず「終わる時間」と「決める内容」の「２つのおしり」を決めておくのです。**次のような感じです。

「今日の打ち合わせでは、販促キャンペーン案の具体的な内容を決めたいと思います。皆さんのご都合もありますので、30分で終わらせる予定です」

こうすれば、話が途中で別の方向に変わることの予防ができます。追加で相談したいことがあれば、20分で話を終わらせて、「最後、別件で10分程度、相談に乗っていただきたいことがあるのですが、もう少しだけお時間をいただけますでしょうか？」と付け加えましょう。

目上の方であっても、対応は一緒です。忙しい相手なら、このような対応をして嫌がられることは、まずありません。

会議・打ち合わせの時間を圧縮させる

会議や打ち合わせに翻弄され、自分の仕事ができなくなることはないですか？　会議が3つ、面談が2つ……1日にこれだけ予定が入っていれば、残業になってしまっても仕方ないかもしれません。それでも、予防策はあります。**忙しくなりそうであれば、事前に「時間圧縮の交渉」をしておく**ことです。

「あさっての13時から、打ち合わせの時間をもらえないかな？」

「かしこまりました。ただ、失礼をご容赦ください。バタバタとしておりまして20分程度でも差し支えないでしょうか？」

こうすることで、打ち合わせの時間を圧縮し、仕事の段取りを良くしましょう。

会議にどのような姿勢で臨んでいますか？

NG 会議に「とりあえず」顔を出している

ダラダラ会話を続け、核心を最後に回してしまい、気がつけばタイムアップ。これでは、なんのための会議や打ち合わせかわかりません。

OK 会議は「真剣勝負」のつもりで臨んでいる

会議や打ち合わせに遅れると、自分だけでなく、相手の次の段取りが狂ってしまいます。片づけの時間も含めて、余裕を持って会議を終わらせましょう。

2

「全員賛成」を狙わない

段取りの良い人は、会議や打ち合わせの際、全員の「納得」を得るために会話を長引かせることはしません。それよりも「**やってみる**」**ことの合意をサクッと取りつけます**。やってみないとわからないのがビジネス。全員の納得感を得ようとすると、必要以上に振り回されかねませんし、ロクな対策も生まれません。

「やらないとわからない」と割り切る

経営の神様、松下幸之助氏は、次のような言葉を述べています。

「塩も砂糖もなめたことがなければ、そのからさや甘さの説明をいくら聞いたところで、実際の味がわかるものではないと思う。仕事にせよ商売にせよ、それと同じことであろう」

(『事業は人なり』PHPビジネス新書)

つまり、何事も「体験しないとわからない」ということです。会議でいくら説明して皆を納得させようとしても、実際にはやってみないとわからないのです。仕事ができる人は、**全員の納得感を得るために時間を費やすことはムダだと考えているものです。**

でも振り返ると、会議の中で「納得」を求められるシーンは少なくありません。「みんな、本当に納得した？」「疑問があるなら、すべてクリアにしておこうよ」「本当に、それで正しいのかな？」……などなど。

納得は大事です。ただし、やりすぎは意味がありません。変わりたくない人や、問題意識のない人に、説明を重ねることで納得させるのは限界があるからです。

ですから、割り切ってください。**致命的なリスクがないのなら、納得するのは話し合いの場ではなく、先に**「**小さくやって**（**実験して**）**みてから**」だ、と。

この割り切りがあれば、ディスラプション（創造的破壊）にトライしやすくなるはずです。

チャンスを潰す人

では、どうして議論で納得を得ることに限界があるのでしょうか。答えは簡単です。どんなに優秀でも、**変化を「チャンス」に変える人でなければ、納得はしないからです。**変化を「リスク」だと考える人なら、もっともらしい推論で反発すらしてきます。

太平洋戦争の失敗を論じた名著『失敗の本質』を解説した『「超」入門　失敗の本質』（鈴木博毅著　ダイヤモンド社）に、チャンスを潰す人の特徴について、次のような3つの記載があります。

①自分が信じたいことを補強してくれる事実だけを見る
②他人の能力を信じず、理解する姿勢がない
③階級の上下を超えて、他者の視点を活用することを知らない

どうでしょう。こんな人はいませんか？　こんな人たちを説得する労力と時間こそが、ムダでしかありません。致命的なリスクがないなら、「小さくやって（実験して）みてから決める」方法を提案するのが正解なのです。

ライザップのトレーナーは5分でやることを決める

効果的な打ち合わせについて私が参考になった体験が、ライザップのコーチングです。やせるためのライザップのノウハウはいくつかあるのですが、ここで紹介したいのは、トレーナーが「短時間で相手を納得」させる方法です。

ライザップの1回のトレーニングは40分。ただし**最後の5分間で、次回までにやるべきことを決めてしまう**のです。こんな感じ。

「では、次回までに〝何をやるか〟を決めておきましょう。何か気になることはありますか？」

「夜中にどうしても、お腹がすいてしまい、何かを食べたくなるんですが……」

「食べると脂肪になるので、我慢ですね。水を飲む、もしくはワカメを食べるという方法があります。どうでしょう？」

「え、ワカメ……」

「一度、やってみて、感想を聞かせていただくのはいかがでしょうか？」

「そうですね……では一度、ワカメでやってみます！」

私がここでは納得したのは「ワカメを食べる」という方法ではなく、ただ「やってみることには納得した」というもの。しかし結果として、空腹を乗り越えられ、翌朝もおなかがスッキリしているので、効果をすぐに実感できました。


「伊庭さん、やってみてどうでした？」

「いいですね、ワカメ」


こんなもんです。答えは事実にしかない、と感じた瞬間でした。

これは、我々のミーティングにも応用できる考え方でしょう。

人はそんなに簡単に納得はしません。年齢や経験を重ねるほどに、そうなります。

ぜひ、納得の順序を変えてみてください。まずは「小さくやってみる」が正解なのです。

「納得」の順序を間違えていませんか？

NG

会議や打ち合わせで「腹落ち」するまで話し合う

全員の一致を試みようとすると、必要以上に会議や打ち合わせの時間がかかります。その後の仕事にも影響してしまいます。

OK

会議や打ち合わせで「小さく実験」するための合意を得る

「一人残らず説得すること」「全員の納得を得ること」は、現実には非常に難しい場合がよくあります。「取りあえずやる」ことの合意を取って、「小さく実験」してみましょう。

3

配付資料を読み上げない

会社全体の仕事の段取りを良くしたいのであれば、会議の時間を短縮させることは必須です。まずは時間を半分にしてみることを目標にしてみてください。そこで効果的なのは、「**参加者は資料を読んでから参加する**」ことを徹底させること。**配付資料を会議で読み上げることは、時間の無駄の極み**です。

資料の事前配付の徹底を

「会議の資料は、2日前までに用意して関係者に渡すことも重要です。事前に読み込んでおき、会議が始まったら、すぐ議論できる状態にしておく」

これは、ライザップグループの代表取締役で、かつてカルビーを「儲かる会社」に変革したことで有名な、松本晃氏の言葉です（「日経ビジネスオンライン」より）。松本氏は、どんなに忙しくても、資料を読み込んだ上で会議に参加するようにしているといいます。

考えてみるとその通りです。いきなり会議の当日、もしくは会議中に資料を渡され、アドリブで意見を求められるより、読み込んだ上で会議に臨んだほうが、自分の意見や質問の内容も筋の良いものになります。

まずは、あなたからやり方を変えてみましょう。**会議の前に余裕を持って資料を配付しておき**、会議ではこう切り出すのです。

「お忙しいところ、お集まりいただき、ありがとうございます。まず、配付した資料についてご不明な点はなかったでしょうか？」

「では、本題に入らせていただきます。起案させていただいたキャンペーンを来月から進めることについて、意見、質問をお聞かせいただきたいのですが、いかがでしょうか？」

最初は、キチンと資料を読まずに会議に臨む人もいるかもしれませんが、自分の方針を貫くことで、次第に周囲にも事前に予習することの重要性、効果が伝わるはずです。

質問が出ないのは「仕込み」が悪いから

意見や質問が出ない会議は最悪です。でも、これは参加者の主体性の問題ではなく、「仕込み」の問題です。**事前に資料に目を通してもらうことで、会議中に質の高い意見や質問が出るようになるのです。**それぞれの参加者の事前知識もある程度体系的に整理され、自分なりの仮説を持った上で会議に参加できるわけです。

こうすることで、会議を短縮できるのはもちろん、議論のクオリティを上げることもできるでしょう。質問が出にくい職場ほど、事前に資料を渡して予習を促す効果はてきめんです。

参加者が会議の「予習」をできるようにしておく

NG

会議の直前に資料を配付する

直前に会議の資料を配り、さらにその内容を読み上げるのは時間の無駄です。意見や質問も出にくく、仕方なく強制的に参加者を当ててみる……。こうなると罰ゲームのような状態になります。

OK

資料は時間の余裕を持って参加者に配付しておく

会議の資料を事前に余裕を持って配付することで、参加者は自分なりの仮説を考えた上で、会議に臨むことができます。結果として、意見や質問のクオリティも高くなります。

4

何があっても1秒たりとも延長しない

時間の大切さを知っている人は、1秒の重みに真剣に向き合います。少しでも延長しようものなら、相手の1秒を奪っている感覚に苛《さいな》まれます。大げさではなく、時間とは、その人の「命」だと考えるからです。その感覚がある人こそが、残業をせずに結果を出せる人なのです。

「1秒」にこだわる理由

聖路加国際病院名誉院長で105歳まで生きた日野原重明先生は、「命とは君たちが持っている時間である」と言っていました。

ここで考えたいのは、時間との向き合い方です。

「**1秒であっても、参加者の人の命を奪っている**」**という感覚を持っておく**と、会議や打ち合わせで、「また時間が延長してしまった」と安易に考えなくなります。

私の周囲でも、時間に厳しい人は、この話に共感できる人が多いようです。

彼らが「平気で遅れる人」と仕事をしたくないと言うのは、業務のこと以上に、その感性の違いからくるストレスを回避するためなのです。

時間に対しては、さまざまな価値観を持つ人がいますが、**仕事をする際には、時間に厳しい人の基準に合わせておくと間違いない**でしょう。

いくら白熱しても、「アジェンダ」が絶対

そう考えると、打ち合わせが長引いてしまい、気がつけばタイムアップになってしまった……ということは、絶対に避けねばなりません。そこで、まず**話し合う前に「アジェンダ」（予定議事）と「所要時間」を確認**しましょう。

「今日のアジェンダは、この5つです。それぞれの所要時間はこのように考えていますが、よろしいですか？ 他に案件がなければこの予定通りに進めます」

これだけでOK。あとはあらかじめ決めたアジェンダ、所要時間を厳守すべく、進行していきます。

タイムキーパーを決めておく

そのとき、参加者の中から、**「タイムキーパー」**を決めておきましょう。「あと2分です」「終了です」と時間を伝える人です。

また、タイマーをスクリーンに投影したり、時間を表示したタブレットを前に置くなどの方法もお勧めです。

グーグルの会議でも、「時間の経過」を意識するために、大きなタイマーを設置しているようです。

もし、議論が白熱し、まとまらなかったときは、会議を延長するのではなく、終了後、関係者同志で決めてもらいます。最優先すべきは、何よりもアジェンダと所要時間なのです。

途中参加を許さない姿勢も大事

会議には、決まって「いつも、少し遅れて参加する人」がいたりします。この場合、その人が入ってから、また同じ説明をすることになり、時間通りに来た人の時間を余計に奪ってしまいます。

最初にアジェンダ（予定議事）を決めておく

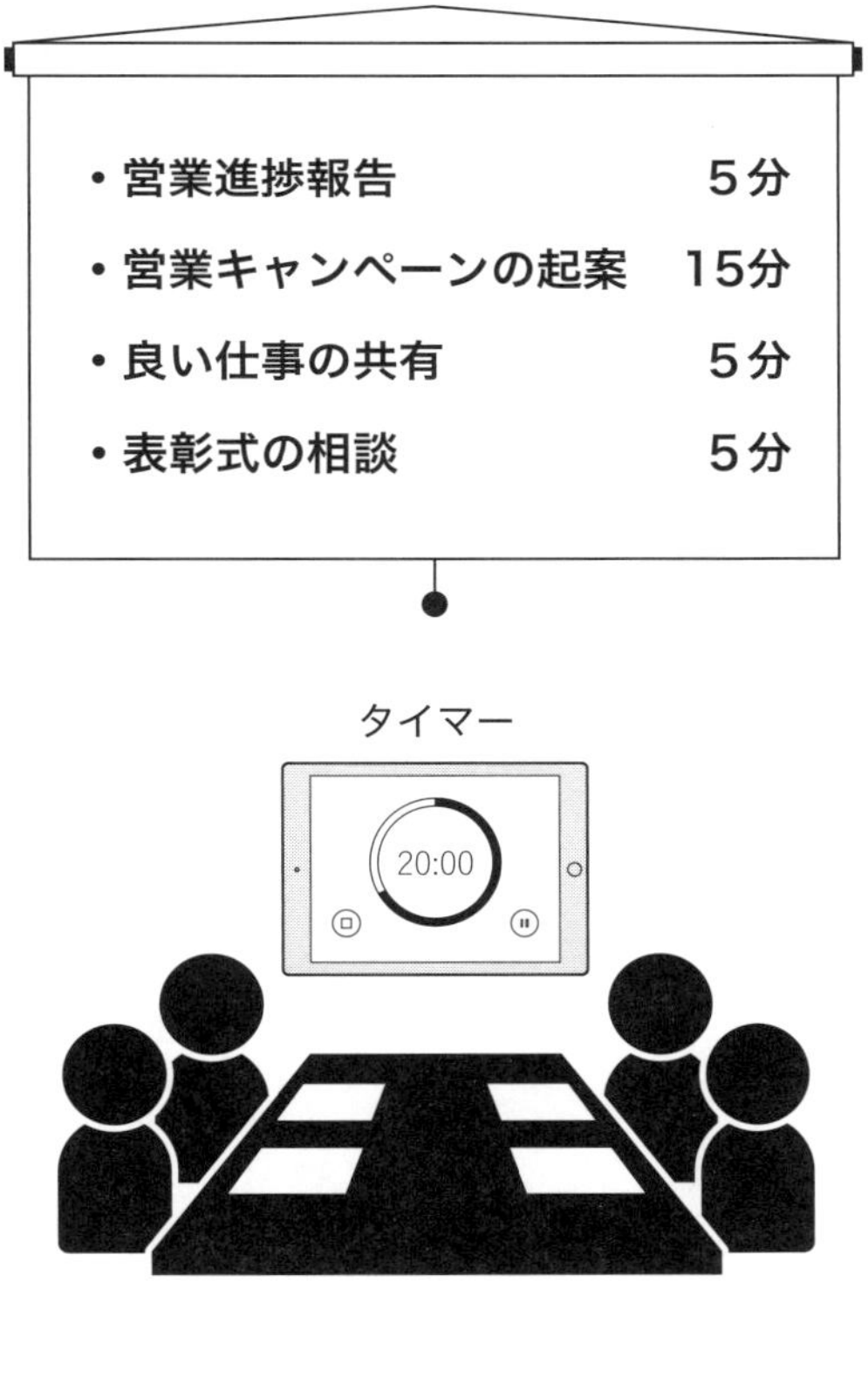

こうならないために、**会議が始まる前に「時間厳守でお願いします」と予告しておきましょう。**それでも遅れてくる人がいたら、会議終了時にこう言います。

「駆けつけてきていただき、ありがとうございます。ただ、参加される他の皆様もお忙しい方ばかりですので、次からは時間厳守でお願いしていいでしょうか」と。

忙しいのはあなただけではない、と釘《くぎ》を刺しておくことが大事なのです。

上司やお客様などに対しては直接言うのが難しいかもしれませんが、このような場合はさらっと会議の進行状況だけ伝えて、そのまま進めてしまいましょう。貴重な時間を無駄にするべきではありません。

会議の前に「アジェンダ」（予定議事）を確認する

NG

アジェンダがあいまい

アジェンダがあいまいなままですと、会議の進行が遅れがちになります。結果として、その後の仕事の進行にも支障を来すようになり、それが職場内で日常の光景になってしまいます。

OK

アジェンダと予定時間をきちんと決めておく

会議で話すべきことを事前にしっかりと決めておき、予定時間もきちんと守るという気概が、一人ひとりの時間への意識を変え、社内全体の段取り力の向上につながります。

5 会議の招集は5人まで

会議において、短時間で段取り良く大事なことを決めたいなら、参加人数は増やさないことです。見渡すと、「そこにいなくても問題のない人」はいませんか？　**会議は、参加することに意義があるわけではありません。**「本当に必要な人だけでやる」と決めてみてはいかがでしょうか。

人数を増やすと、効果が落ちる

「ミーティングはできるだけスモールに！　7名を超えてはいけない。1時間の会議でキチンと話し合うなら、4～5人が適正だ」

これは、大手企業のコンサルティングやビジネスパーソンのトレーナーを務める、ポール・アクステル氏のノウハウを紹介した記事からの言葉です（『ハーバードビジネスレビュー』2015年6月号）。似たような取り組みは、多くのグローバル企業

が行っています。例を挙げると、

- アップルの会議は常に最小限の参加者で開催される

- グーグルの会議は最大８人と決められている

- アマゾンの会議は「２枚のピザで全員が満腹になる人数」と決められている

などです。これらの趣旨は極めてシンプル。**皆が議論に主体的に参加しようとしても、人数が増えすぎると「議論の質」が下がる**からです。参加者が多いと、発言をしたくてもできない人が出たり、議論が十分にできないままに会議が終わってしまうことが多くなってしまいます。

もし、会議の内容を共有すべきメンバーがいるのであれば、会議の後で参加者がそのメンバーに伝えるようにします。

発言しない人は、呼ばないほうがいい？

このような少人数で行う会議では、「**発言しない人**」**は呼ばないようにしてみるのはどうでしょう。**

実はこれ、賛否両論があります。DeNAの守安功社長が、会議で発言しない人は「ノーバリュー」とコラムで述べたことがありましたが、それに対して7割の人が反対の意見を表明しました。理由は、「話しやすい場をつくるのが先」というもの。それは私も同感です。

この項での主題は、「**話しやすい場であっても、発言しない**」**ことが問題なのです。**それを前提に考えてみてください。どうでしょう？　お互いにとってムダだと思いませんか？

それでも会議で発言しない人がいるのなら、会議に招集することで、その人の時間も犠牲にしてしまっています。もし、会議での発言がずっとない人がいたら、こう伝えてみてください。

「発言する機会がないですよね。忙しそうにもお見受けしますので、会議後に決まった内容を共有できるようにしましょうか？」と。

もちろん、そうならないよう、積極的な発言を求めるべきなのですが、それでも改善されないなら、お互いにとっての善後策と考えておきましょう。

大人数の会議が当たり前になっていませんか？

NG

不公平を避けるため関係者全員を呼ぶ

「情報を共有しておいたほうがいいから」「組織の仲間だから」といった理由で、会議の参加者を増やしてしまうと、一人ひとりの発言の機会が少なくなって、会議の価値が減ってしまいます。

OK

参加者の全員が「発言できる」人数に抑える

会議は、発言しやすい規模（最大で7名程度。できれば5名まで）での開催を心がけましょう。会議の価値を高めるためにも、積極的に発言する人を中心に呼ぶべきです。

7 ずっと喋らせない

会議の際、長々と話しはじめる人も問題です。そんな人が一人でもいると、すぐにタイムアップになってしまいます。議題から外れた内容でも、構わず延々と話し続ける……そんな人はいませんか？　段取り良く会議を進めるため、そのような際の適切な制止の仕方を紹介しましょう。

発言に制限時間を設ける

一人で長々としゃべる人がいると、それだけで会議の質が下がります。

とりわけ、役職者や先輩が、そういう人だと、ワンマンショーのようになってしまいます。ライフネット生命の元会長で、現在は立命館アジア太平洋大学の学長をしている出口治明氏も次のように述べています。

「僕もよく『話が長い』と言われます。でも自分ではそうは思っていません。話の長い人のほとんどは自分の話が長いと自覚していないということです。『話が長い』と伝えても、当人は『いや、俺は必要なことしか話していない』と答えるでしょう」

（「プレジデント」2018年4月2日号）

ただし、出口氏は続けて言います。話が長いのは自覚できない。だからこそ**「発言は一人3分」というルールを敷く**べき、と。

確かに、短時間で済ませるためにも、制限時間を設けることは不可欠です。

■さわやかに相手の話を制止する方法

会議を段取り良く進めたいなら、誰に対しても、さわやかに制止できる技術を身につけたいものです。ここでは、制限時間を設けてもしゃべり続ける相手に対して、ブレーキをかける効果的な方法（**DESC法**）を紹介しましょう。

DESC法とは相手のメンツを保ったまま、こちらの意見を的確に伝える話法です。次のように話の流れを工夫するだけでできます。

D：Describe（描写する）……状況や相手の行動を客観的・具体的に描写する

参考になる意見ありがとうございます。ただ、あと5分でタイムアップします。まだ発言されてない方はいらっしゃいますか？

E：Express（表現する）……自分なりの考え、感想を伝える

ぜひ、他の人の意見も聞いてみたいところです。

S：Specify（明示する）……具体策を提案する

他の人の意見を聞いてみてもいいですか？　たとえば、高橋さんはどう思っているのか、聞いてみたいところです。

C：Choose（選択する）……それに対しての選択肢を示す

（話し続ける人に対して）どうでしょう？

私もこれで随分とブレーキをかけさせていただきました（かけられることも……）。**ポイントはD（描写）から入っている点です。**これにより、相手に客観的な状況を自覚させることができます。プチテクニックとしては、Dでさらに感謝の言葉（「ありがとうございます」など）を添えておくと、さわやか度がアップします。

長い話を制止するためにはどうする?

NG

「困った人だな……」と思いながらも静観してしまう

話の長い人を放置してしまい、会議の後、その人を悪者にしても、失った時間は戻りません。具体的な対応策を考えましょう。

OK

話が長い人に適切なブレーキをかけるように、対策をする

どの職場でも話の長い人はいます。上手な話の止め方を覚えて、ムダな時間を増やさないようにしましょう。

✓ Check 「打ち合わせ・会議」の効率アップのためのセルフチェック

□ 議論が白熱してしまい、時間内に収まらないときはないだろうか？
□ アジェンダ（予定議事）を決めずに、いきなり話し合っていないだろうか？
□ 全員が納得することに、思いのほか時間をかけていないだろうか？
□ 説明を割愛するため、事前に資料を読むことを徹底させているだろうか？
□ 会議で「発言をしない人」を、呼ばないようにしているだろうか？
□ 何かを会議で決める際、適正人数（7名程度。できれば5名まで）を意識して招集しているだろうか？
□ いつも会議に遅れる人はいないだろうか？　それを許していないだろうか？
□ 話の長い人に対して、適切な制止を行っているだろうか？

伊庭正康（いば　まさやす）
（株）らしさラボ代表取締役。1991年リクルートグループ入社。法人営業職として従事。プレイヤー部門とマネージャー部門の両部門で年間全国トップ表彰４回を受賞。累計40回以上の社内表彰を受け、営業部長、（株）フロムエーキャリアの代表取締役を歴任。2011年、研修会社（株）らしさラボを設立。リーディングカンパニーを中心に年間200回を超えるセッション（営業研修、営業リーダー研修、コーチング、講演）を行っている。実践的なプログラムが好評で、リピート率は９割を超え、その活動は『日本経済新聞』『日経ビジネス』『The21』など多数のメディアで紹介されている。Webラーニング「Udemy」でも営業スキル、リーダーシップ、時間管理などの講座を提供し、ベストセラーコンテンツとなっている。
『できるリーダーは、「これ」しかやらない』『できる営業は、「これ」しかやらない』（以上、PHP研究所）、『仕事の速い人が絶対やらない段取りの仕方』『目標達成するリーダーが絶対やらないチームの動かし方』（以上、日本実業出版社）など、著書は30冊以上。

無料メールセミナー（全８回）:「らしさラボ無料メールセミナー」
YouTube:「研修トレーナー伊庭正康のスキルアップチャンネル」
Voicy:「１日５分　スキルUPラジオ」も好評

仕事《しごと》の速《はや》い人《ひと》が絶対《ぜったい》やらない段取《だんど》りの仕方《しかた》

2018年12月20日　初版発行
2022年１月20日　第４刷発行

著　者　伊庭正康

発行者　杉本淳一

発行所　株式会社日本実業出版社　東京都新宿区市谷本村町３−29 〒162-0845
編集部　☎03-3268-5651
営業部　☎03-3268-5161　振　替　00170−1−25349
https://www.njg.co.jp/

印刷／厚徳社　　製本／共栄社

ISBN 978-4-534-05651-1　Printed in JAPAN